KB272858

부모와 함께 걷는

배움의 기쁨

초판 인쇄 2026년 2월 21일
초판 발행 2026년 2월 28일

지은이 정서인
발행인 조현수
펴낸곳 도서출판 프로방스
기   획 조영재
편   집 정종덕
주   소 경기도 파주시 광인사길 68, 201-1호(문발동)
전   화 031-942-5366
팩   스 031-942-5368
이메일 provence70@naver.com

등록번호 제396-2022-000130호
등록 2022년 8월 17일

ISBN 979-11-6480-410-8
값 18,000원

특·수·교·사·36·년·진·솔·한·삶·의·이·야·기

부모와 함께 걷는

배움의 기쁨

정서인 지음

프로빙스

특수학교 교사는 숭고한 직업이다

『내 상처의 크기가 내 사명의 크기다』
저자 송수용

가을 들녘에 번지는 황금빛 벼의 물결을 보노라면 나도 모르게 감동의 탄성이 터진다. 사실 그런 감동이 가능한 것은 한 농부의 피땀 어린 수고가 있었기 때문이다. 엄마를 엄마라고 부르지 못하는 아이가 자신의 목소리로 "엄마!"라고 말할 때, 그 말을 들은 엄마의 감격스러운 눈물은 아이를 향한 한 선생님의 피와 땀과 눈물이 있었던 덕분이다.

36년간 특수학교 교사로 재직한 정서인 작가의 글을 읽으며 한 명의 헌신적인 교사가 한 아이의 인생과 한 가정의 행복에 얼마나 큰 영향을 줄 수 있는지 깨닫게 되었다. 누구를 만나느냐에 따라 인생은 완전히 달라진다. 정서인 선생님을 만나 불가능할 것만 같았던 일들을 해낸 아이들은 그 전과는 전혀 다른 인생을 살아가고 있을 것이다.

교사는 귀한 직업이다. 특수학교 교사는 숭고한 직업이다. 본인이 어려서 '다리 병신'이라는 소리를 들으며 새겨졌던 상처를 아름다운 사명으로 승화시킨 정서인 작가님에게 진심으로 존경의 박수를 보내 드리고 싶다. 특수아동을 가르치고 돌보는 선생님들과 부모님들에게 희망과 용기를 주는 귀한 책을 출간해 주셔서 참 감사하다.

사랑으로 세상을 밝히는 등불 같은 삶

이수정 수녀(충주성심학교장)

25년 전 충주성심학교에서 교직 생활을 시작하면서 정서인 선생님을 처음 뵈었습니다. 그 당시 열정적으로 아이들을 지도하시던 모습이 아직도 기억에 생생합니다. 아이들에게 온 힘을 쏟아 가르치시던 모습은 25년이 지난 지금도 변함이 없으신 것 같습니다. 선생님의 그 모습을 그대로 보여주는 이 글들을 읽으며 마음 한쪽이 따뜻해지고 환히 밝아짐을 느낄 수 있었습니다. 마음으로 아이들에게 다가가 사랑으로 정성껏 보듬고 돌보는 참된 교육자의 모습이 느껴졌습니다.

오랜 시간 교실에서 아이들을 만나며 겪으셨던 일들을 한땀 한땀 수 놓듯이 그려낸 글 안에서 선생님의 인생을 느낄 수 있었고, 우리 아이들의 소중한 성장의 순간들을 볼 수 있었습니다. 힘들고 어려웠던 순간들, 어려움을 극복하고 성장을 이루어 낸 보람과 기쁨, 교실 수업을 통해 배운 교육자로서의 지혜가 깊이 전해졌습니다.

아이들에게 최선을 다하며 성실로 엮어진 선생님의 교직에서의 삶이 특수교육을 희망하는 젊은이들과 특수 교사들, 학부모님, 그리고 이 글을 읽는 모든 이들에게 감동과 아름다움으로 희망과 용기를 줄 수 있으리라 생각됩니다. 사랑과 정성으로 청각장애 아이들을 키워낸 선생님의 삶에 박수와 존경을 드리며, 앞으로도 선생님 매일의 삶이 사랑으로 세상을 밝히는 등불 같은 삶이시길 빕니다.

교사를 꿈꾸는 예비 교사에게 꼭 추천하고 싶은 책

조용남(충주성심학교 전 교감)

"아~암, 아~압…"

교실 창 너머로 들려오는 발음 지도를 하고 계시던 정 선생님의 짱짱한 목소리. 아직도 내 귓가에 쟁쟁하다. 가르치기가 제일 어렵다는 'ㄱ' 발음까지도 정 선생님께는 그렇게 어려운 게 아니었다. 같은 학교에서 30년 넘게 함께 교사로 지냈으면서도 정 선생님의 어린 시절에 아픔이 있었던 사실을 까맣게 잊고 있다가 이 책을 읽으며 다시 떠올리게 되었다. 아픈 경험이 있는 사람만이 아픈 사람들의 마음을 진심으로 이해한다. 청각장애로 인해 마음의 상처가 있는 아이들의 정서를 꼼꼼히 헤아리며 눈높이 맞추기에 애쓰셨던 정 선생님을 향하여 글을 읽는 내내 존경의 마음이 우러난다.

이 책에는 청각장애 특수교육 관련 교과서도, 국가 수준의 교육과정도 부재했던 시대에 다만 열정과 헌신으로 교육 방법들을 모색하며 시행착오 속에서 자질과 품격을 키워가는 한 교사의 성장기가 고백체로 담겨 있다. 교사를 꿈꾸는 예비 교사에게 꼭 추천하고 싶은 책이다.

그리고 이 책은 교육환경이 지금보다 훨씬 열악했던 시대였지만, 학생과 학부모와 교사가 서로 따뜻한 사랑을 나누며 한 식구로 살아갔던 아름다운 이야기가 담겨 있어서 읽는 사람의 마음을 따뜻하게 해 줄 것이다.

옛 모습을 오늘의 현실과 비교해 보는 재미

(*미자, 초등 특수 교감)

소크라테스는 인생은 배움을 위해 있는 것이며, 성찰하지 않는 삶은 가치가 없다고 했던가?

교사로서의 삶을 배움과 성찰로, 끊임없는 노력으로 담담히 그리고 솔직하게 담아낸 이 책은 작은 일도 소중하게 바라보고 다룰 줄 아는 나의 친구 그대로이다.

청각장애 특수학교라는 공간적 한계를 넘어 오늘의 특수교육, 더 나아가 교육 현장의 옛 모습을 오늘의 현실과 비교해 보는 재미도 쏠쏠하다.

저의 교직 생활의 지도서로

박정석(충주성심학교 교사)

사람이 한 분야에서 쉼 없이 노력하며 30년 넘게 일하게 되면, 다른 사람들은 그를 그 분야의 장인이라 생각하거나, 많은 특별한 기량이 있을 거라 믿게 됩니다.

특수학교에 근무한다고 하면, 어떻게 그 어려운 학생들을 지도하느냐는 말을 많이 듣게 됩니다. 여러 장애 영역 중에서도 청각장애 학생들은 특별히 더 교사의 역량과 경험이 필요합니다. 수어를 능숙히 사용해야 하고, 청능 훈련, 발성, 호흡, 문장지도 등 기술적인 면에서 준비되어야 할 부분이 많다고 생각됩니다.

그 길을 묵묵히 걸어오신 선생님의 회고록 같은 이 글을 읽으며 후배 교사로서 감사함과 존경의 마음을 갖게 됩니다.

결과가 빠르게 바로 눈에 보이는 스포츠 경기는 대부분 경기의 종료와 함께 어느 선수가 잘했고, 지도자의 능력이 어떠했는지 평가할 수 있게 되지만, 사람을 가르치는 교육 분야의 결과는 바로 나타나기보다, 시간이 지난 후에 그 결과나 지도자의 영향력이 나타나는 경우가 많습니다.

어린 시절, 어느 선생님의 특별한 가르침과 칭찬 한마디가 그 학생의 미래를 바꿨다는 아름다운 이야기는 살면서 종종 듣곤 합니다. 눈앞의 칭찬보다 아이의 더 나은 미래를 바라보며 진정한 교육자로 살아오신 정서인 선생님의 알려지지 않았던 일상과 추억을 이 글을 통해 알게 되어 기쁘게 생각합니다.

30년 넘게 충주성심학교에서 청각장애 학생들을 가르치며 함께 울고, 함께 아파했던 정서인 선생님의 숨겨진 헌신과 장인 정신과 아름다운 영향력의 이야기들, 솔직하고 담백한 후회와 반성의 이야기까지 진솔하게 풀어낸 이 글이, 진정 삶의 이야기이고 젊은 교사, 장애아이를 처음 키우는 어머니, 평범한 부모들에게 교과서 같은 책이라고 생각됩니다.

아름다운 이야기를 엮어 주신 정서인 선생님 수고 하셨습니다. 글을 읽으며 선생님과 함께했던 30여 년의 시간을 다시 한번 돌아보는 시간이 되었기에 감사드립니다. 얼마 남지 않은 저의 교직 생활의 지도서로 삼겠다는 말씀을 드리며 다른 분들에게도 이 책을 권해드립니다.

선생님의 그 '손전등 같은 삶'

백영기 목사

큰아이를 데리고 충주성심학교를 찾았습니다. 학교에서 정서인 선생님을 처음 만났을 때, 저는 '아! 이런 선생님도 세상에 계시는구나!' 하고 놀랐습니다. 아이와 부모에게 필요한 것을 누구보다 먼저 알아보고, 학부모 교육을 꾸준히 이어가며, 때로는 인생의 든든한 친구처럼 곁을 지켜주시는 분이었기 때문입니다.

특히 청각장애가 있는 아이들과 그 부모님들에게는 언제나 한 줄기 빛이 되어주셨죠. 그 빛은 번쩍 화려한 스포트라이트가 아니라, 밤길을 나란히 걸어주는 작은 손전등 같은 따뜻함이었습니다. 필요할 때는 밝게 비춰주시고, 괜찮을 때는 조용히 뒤에서 함께 걸어주는 그러한 빛이었답니다.

이 책에는 선생님의 그 '손전등 같은 삶'이 고스란히 담겨 있습니다. 아이들과 부모님이 '소리를 찾아가는 여정'을 함께할 수 있도록 길을 밝혀준 순간들이, 페이지마다 진솔하게 숨어 있습니다. 읽다 보면 어느새 "아, 그래서 우리 아이가 이렇게 자랐구나!" 하고 마음이 뜨거워지고, 또 "선생님은 언제 쉬시지?…" 하고 걱정 반 존경 반의 미소가 지어집니다.

정서인 선생님의 이야기는 단순히 교육 현장의 기록이 아니라, 아이 한 명을 온전히 바라보는 일이 얼마나 크고 아름다운 일인지 보여주는 증거입니다. 이 책이 많은 이들에게 또 다른 등불이 되어줄 거라 확신합니다. 그리고 한 가지 더 확신할 수 있는 것은 선생님께서 학부모와 학생들에 대한 그 열정과 사랑을 느낄 수 있으며, 이 책을 덮는 순간, 당신도 모르게 주변의 '작은 아이들'을 다시 한번 정성껏 들여다보게 된다는 사실입니다.

감히 말씀드리지만, 정서인 선생님은 아이들이 자라는 순간을 '기록'하는 사람이 아니라, '함께 자라는 어른'입니다. 그래서 그녀의 이야기는 책 한 권으로 끝나지 않고, 앞으로도 많은 가정과 교실에서 계속될 것입니다.

이 책을 만나는 모든 분에게, 그녀의 따뜻한 빛이 닿기를 바랍니다.

유치부 마지막 시절을 행복하게 가꿔 주셨던 선생님

허수진(고등부 27회 졸업생)

선생님께서는 1988년부터 오랜 세월 아이들을 품어 오셨고, 그 여정의 한가운데였던 2005년, 저는 선생님의 교직 생활 17년이 되던 해에, 제자로서 사제의 연을 맺은 아이였습니다. 어릴 적 마음속에 깊이 남아 있던 선생님을 같은 학교에서 동료 교사로 다시 뵙게 된 지금, 이 추천서를 쓰는 제 마음은 그 어느 때보다 깊고 조심스러우며 자연스레 겸손해집니다.

유치부 마지막 시절을 행복하게 가꿔 주셨던 선생님을 다시 뵈었을

때, 그때보다 더 깊고 따뜻한 마음으로 아이들을 품고 계신 모습이어
서 큰 울림을 받았습니다. 제가 성인이 된 뒤에도 긴 세월 동안 아이
들과 함께하신 선생님의 여정을 알아갈수록 마음 깊은 곳에서 우러나
오는 존경을 느끼지 않을 수 없었습니다.

그 소중한 여정이 담긴 이 책을 여러분과 나눌 수 있어 기쁩니다.

차 례

프롤로그　상처를 딛고 특수 교사가 되다　· 015

PART1. 교사의 씨앗, 가슴에 품다　· 019

아픈 상처 | 비교당하며 놓아버린 자존감 | 나의 기억 속 스승
눈물에서 감사로 | 내 힘으로 버텨낸 대학 시절
대학 졸업 전, 클리닉에서의 교사 준비

PART2. 미안한 마음이 남은 자리　· 047

아이의 첫 말, "엄마" | 윤슬처럼 반짝이던 교실의 기억
공개수업, 아이들과 함께 쓴 극본 | 숟가락 속에 담긴 이야기
제주 수학여행 | 사과 속에 담긴 마음 | 기다림과 양보
배움보다 안전

PART3. 아이들과 마주한 배움 · 087

생활의 달인 선발 한마당 | 함께함의 가치 | 사춘기, 그 이해와 기다림
소리를 찾은 날 | 말의 힘을 알게 해 준 '밥 실험'
놀이, '다섯 고개'와 배움 | 보충수업 속 성장과 감사
맑은 미소, 잊지 못할 소중한 여정

PART4. 부모와 함께 걷는 배움의 기쁨 · 129

"불 켰어.", 기적의 한 마디 | 장애 영역이 바뀐 날 | 견물생심
전학 온 두 아이 | 스승의 날, 포근한 행복
마음에 심은 책, 삶에 맺힌 열매 | 한 아이의 그림, 나의 회복
도전을 향한 발걸음

PART5. 교사가 꼭 챙기고 싶은 마음 리스트 · 171

교사가 건네는 말 | 예의, 손가락에서 손바닥으로
학부모 상담, 경청과 공감으로 | 교사의 수업준비
행동 뒤에 감춰진 마음 헤아리기
개별화 교육계획, 한 걸음 한 걸음부터 | 작은 책 속, 큰 세상

에필로그   · *202*

부 록   세월이 건네준 선물, 교지   · *205*

순간순간 최선을 다하기로 | 꿈을 심어 주는 교사, 꿈을 먹는 아이들
성심에서의 아련한 추억과 함께하는 나의 보물들
만남이 내게 주는 감사의 선물 | 추억에 영글어진 감사와 행복

[프롤로그]
* 이 책에 등장인물의 이름은 모두 가명입니다.

상처를 딛고 특수 교사가 되다

나는 유년 시절을 푸른 바다가 내려다보이는 작은 어촌 마을에서 보냈습니다. 툇마루에 앉아 파도와 구름을 바라보며 보내던 시간은 나에게 주어지는 평온한 순간이었습니다. 어느 날, 그 툇마루에서 떨어져 관절을 크게 다치는 사고를 겪었고, 그로 인해 3년 동안 제대로 걷지 못한 채 보조기와 목발에 의지하여 유년기를 보냈습니다. 어린 나이에 감당하기엔 벅찼던 불편함과 아픔 속에서 나에게 들린 '다리 병신'이라는 차가운 말은 여린 마음에 깊은 상처로 남았습니다.

초등학교 4학년 봄, 두 발로 다시 땅을 딛고 걸었을 때의 감격과 기쁨은 지금도 잊을 수 없습니다. 그 경험으로 나는 '세상에 당연한 것은 없다.'라는 사실을 깨달을 수 있었습니다.

대학 시절, 모든 경제적 부담을 혼자의 힘으로 해내고자 애쓰던 때가 있었습니다. 그 무렵, 교수님의 권유로 청각·언어장애 클리닉에서 3년간 근무하게 되었고, 그 경험은 훗날 청각장애 아이들을 가르치는 데 든든한 밑거름이 되었습니다.

졸업 후 충주성심학교(청각장애 특수학교)에 교사로 부임하며 본격적인 교직 생활을 시작하였습니다. 이후 36년 동안 나는 청각장애 아이들과 함께 울고 웃으며 교실을 지켜왔습니다. 아이들의 작은 손짓과 눈빛 하나하나를 놓치지 않으려 애썼습니다. 배움은 교실 안에서만 이루어지는 것이 아니라, 삶 속에서 자란다는 사실을 새롭게 배웠습니다.

그중에서도 도 교육청의 요청 장학지도가 있던 날은 특히 기억에 남습니다. 강당 무대에서 아이들이 직접 쓴 극본으로 연극을 선보이는 공개수업을 진행했고, 노력의 시간이 모여 '우수 교사상'이란 값진 결과로 이어졌습니다. 이후 청각장애 언어 교과서와 교육부 국어 교과서 집필에 참여하며, 교사로서의 경험과 시야를 넓힐 수 있게 되었습니다.

코로나19라는 유례없는 상황은 교육 현장에도 거대한 변화를 불러왔습니다. 교실은 텅 비었고, 교사와 학생이 화면을 통해 원격수업으로 만나야 했던 그 시간 속에서 나는 교사로서 지금까지 걸어온 삶을 되돌아보며 새로운 공부를 시작했습니다. 우연한 기회에 이종사촌 여동생의 소개로 『내 상처의 크기가 내 사명의 크기다』의 저자이자 동기부여 강사인 송수용 대표님을 만나 'DID 강연 코칭' 과정을 수료하게 되었습니다. 이 과정은 내가 겪어온 상처가 성장의 동력이 될 수 있음을 깨닫게 해 주었습니다. 이후 강점 코칭과 글 쓰기의 세계를 접했고, 그 경험은 전자책 한 권과 세 권의 공저를 출간하는 특별한 여정으로 이어졌습니다.

36년의 교직 생활을 명예 퇴임으로 마무리하며, 나는 마음에 한 가지 소망을 품게 되었습니다. 누군가가 나에게 도움을 요청할 때, 지금까지 배우며 익힌 것을 기꺼이 나누고 싶다는 소망이었습니다. 그러던 중 어느 날 Sunny Scholar로 활동하는 '셈여림 팀'으로부터 청각장애 개별화 교육에 관한 조언을 요청받았고, 그 소망은 조금씩 현실이 되기 시작했습니다. '셈여림 팀'이 제작한 난청 아동 맞춤 아이 소개서 작성 가이드북 『학교 소리 동행』에 작은 도움을 줄 수 있었던 일은 큰 보람으로 남았습니다. 이후 후속 프로그램의 하나로 난청 아동 학부모를 위해 「초등학교 함께 준비하기」라는 주제로 서울에서 강의를 진행했습니다. 최근에는 KT-연세의료원 국내외 청각 재활 지원 사업의 하나인 KT 꿈품교실 부모 교육 '함께 가는 길'에서 나는 「청각장애 사춘기 자녀 이해하기」라는 주제로 강의하며, 또 다른 방식으로 도움을 줄 수 있었습니다.

아이들의 성장은 저마다 속도는 다르지만, 모두 자기만의 시기에 꽃을 피우고 소담스러운 열매를 맺습니다. 나는 그 사실을 교육 현장에서 거듭 확인해 왔습니다. 이 책에는 특수 교사로서 36년간 아이들과 함께하며 느꼈던 감동과 고민, 그리고 성찰이 고스란히 담겨 있습니다. 더불어 부모로서 겪어야 했던 혼란과 작은 성장의 기록도 함께 담았습니다.

지금, 이 순간에도 아이들의 가능성을 믿고 묵묵히 아이들 곁을 지키며 최선을 다하는 교사들이 있기에, 특수교육의 장래는 분명 더 밝

은 미래로 나아가리라 믿습니다. 이 책이 특수아동을 가르치고 돌보
는 분들, 그리고 오늘도 조용히 자신의 자리에서 최선을 다하고 있는
모든 선생님께 작은 위로와 용기가 되기를 바랍니다. 나아가 아이들
을 향한 마음의 열정과 사랑의 불꽃을 다시 지피는, 작은 소망의 불씨
가 되기를 간절히 소망합니다.

2025. 어느 겨울 아침에

정서인

Part 1

교사의 씨앗, 가슴에 심다

넘어졌던 자리에서
나는 멈추지 않았다.

아픔은
상처로 남지 않고
누군가의 손을 잡는
힘이 되었다.

아픈 상처

　나는 푸른 바다가 끝없이 펼쳐진 동해의 한 어촌 바닷가에서 태어났다. 마당에 서면 눈 앞에 펼쳐지는 바다는 말 그대로 망망대해였다. 툇마루에 걸터앉아 바다를 바라보고 있노라면 왠지 모를 평안함이 찾아오곤 했다. 어느 날 친구들과 함께 어부이신 아버지의 고기 배를 타고 바다로 나간 적이 있었다. 그때 비로소 일렁이는 파도가 얼마나 두렵고, 바다가 얼마나 깊은지 알게 되었다. 끝없이 몰아치는 파도 아래 드러난 하얀 모랫바닥을 보고 느꼈던 놀라움은 지금도 생생하다.

　햇살이 따사롭게 내리쬐던 어느 날, 툇마루에서 기둥을 잡고 하늘을 날아가는 비행기를 바라보다가 그만 땅바닥으로 떨어지고 말았다. 떨어진 충격으로 엉덩이가 조금 아팠지만 금세 괜찮아지겠거니 하고 대수롭지 않게 여겼다. 그런데 며칠 뒤 엉덩이가 견딜 수 없이 심하게 아팠고, 결국 포항의 어느 한 병원을 찾게 되었다. X-ray 촬영 결과, 관절이 어긋났다는 진단을 받았다. 오른쪽 허리에서 발끝까지 깁스하고 집으로 돌아온 뒤, 꼼짝도 못 하고 방에서 누워 수개월 보냈다.

추석이 되어 친척들이 모였을 때, 화제는 온통 나에 관한 이야기였다. 당시 대구에서 대학원 공부를 하던 6촌 오빠가 어머니께 이렇게 말했다.

"대구 동산기독병원에 가 보세요. 그곳에서 진단을 다시 받아보시는 게 좋을 것 같아요."

그 말을 들으신 어머니는 곧바로 나를 데리고 대구로 가셨다. 포항에서는 칼로 깁스를 잘라내던 것과 달리, 커다란 기계로 깁스를 풀어내는 모습이 무척 신기하게 느껴졌다. 검사 결과, 수술 후 재활훈련을 받으면 1년 만에 걸을 수 있지만, 수술하지 않고 보조기를 착용하면 3년 걸린다고 했다. 당시 의학 수준이 지금처럼 발달하지 못했기에, 수술에는 큰 위험이 따른다고 판단하신 부모님은 보조기를 착용하여 치료하는 방법을 선택하셨다.

병원 근처에 있던 '동방 보조기 상사'에서 보조기를 맞췄다. 오른쪽 허리부터 발끝까지 내려오는 보조기는 검은색 두꺼운 구두와 함께 착용해야 했다. 보조기 무릎 부분에 굽힐 수 있는 장치가 있었지만,

보조기를 벗을 때만 사용할 수 있었다. 걸을 때는 다리를 뻗은 채 걸어야 해서 불편함은 이루 말할 수 없었다. 오른쪽 발을 땅에 딛지 않은 채 3년을 버텨내는 것은 어린 나에게는 힘들고 괴로운 일이었다.

이듬해 가을, 보조기를 착용하고 학교에 갔다. 선생님과 친구들의 세심한 배려 덕분에 2학년 과정을 마칠 수 있었다. 다음 해 3월, 친구들과 함께 3학년에 당연히 올라갈 줄 알았는데, 후배들과 2학년에 다시 배정되었다. 나도, 친구들도 놀랐다. 선생님께서 설명해 주셨던 기억은 있으나, 당시에는 그 의미를 잘 이해하지 못했다. 출석 일수가 부족해 유급되었고, 다시 2학년 과정을 이수해야 했다는 사실을 나중에야 알게 되었다.

체구가 작은 데다 보조기가 워낙 무거워 학교에 다니는 일이 쉽지 않았다. 그래서 하교하면 보조기를 벗어버리고 목발을 의지해 움직였다.

어느 날, 혼자 마을로 나간 적이 있었다. 그때 동네 선배가 나에게 "다리 병신!"이라고 놀렸다. 그 말은 비수가 되어 내 가슴에 박혔다. 자존심은 산산조각이 났고, 목발을 짚은 채 울면서 집으로 허겁지겁 달려와 어머니께 외쳤다.

"엄마, 선배가 나한테 다리 병신이라고 했어!"

마당에 계시던 어머니는 눈앞에 보인 빗자루를 움켜쥐며 말씀하셨다.

"누가 그랬어? 앞장서라. 내가 그놈을 가만두지 않을 거다."

어머니의 몸은 가시나무 떨리듯 떨고 있었고, 놀림을 받던 장소에 도착한 어머니는 큰소리로 호통치셨다.

"누가 우리 애 보고 다리 병신이라고 말했어? 누구야? 당장 나오지 못해!"

나를 놀린 선배는 쭈뼛쭈뼛하더니 이내 고개를 떨구며 말했다.

"제가 그랬어요. 잘못했어요."

"네가 왜 그런 말을 했어? 어디 나한테 혼 좀 나볼래?"

화가 나신 어머니는 손에 든 빗자루로 선배를 때리려고 하셨다.

"죄송합니다. 다시는 안 그럴게요."

선배는 연신 미안하다며 용서를 빌었다. 평소와 다른 어머니의 모습을 보며 조금 무섭기도 했지만, 답답했던 가슴은 뻥 뚫린 듯 시원했다. 그날 이후 목발을 짚고 동네에 나가면 누군가에게 또다시 놀림을 받을 것 같아 두려웠다. 그때 들었던 '다리 병신'이라는 말은 마음 깊이 박혀 쉽게 지워지지 않는 큰 상처로 남게 되었다.

세 번의 겨울이 지나며 몸은 점차 회복되었다. 나의 일상에서 걷는다는 것이 결코 당연한 일이 아니라는 사실을 깨달았다. 다시 걸을 수 있음이 더할 나위 없이 좋았고, 참 감사했다.

비교당하며 놓아버린 자존감

어린 시절, 나는 언니와 단둘이 자랐다. 아주 어릴 때 오빠를 교통사고로 떠나보낸 뒤, 내 곁에는 늘 언니뿐이었다. 그때부터 두 살 터울인 언니는 나에게 가족이자 친구였고, 때로는 나를 든든하게 지켜 주는 울타리였다. 나는 늘 언니의 뒤를 졸졸 따라다녔다. 언니가 혼자 친구 집에 놀러 가면, 끝내 언니가 있는 곳을 찾아가서 언니가 노는 모습을 바라보곤 했다. 그저 언니가 보이는 거리 안에 있다는 사실만으로도 마음이 놓였다. 돌이켜 보면, 어린 시절의 나는 언제나 언니에게 기대며 하루하루를 살아왔던 것 같다. 언니가 곁에 있어 주어서 늘 힘이 되었다. 지금도 언니를 떠올리면 마음이 든든해진다.

어느 날, 혼자 동네에 놀러 나갔다가 집으로 돌아오던 길이었다. 마을 어른 한 분과 마주쳤다.

"안녕하세요?"

어른은 내 옷 위로 드러난 보조기를 힐끔 쳐다보며 말했다.

"아이고, 다쳤다는 애가 너야?"

"예, 저예요."

"어쩌다 다쳤어? 딱하지."

어른은 '쯧쯧쯧' 혀를 차며 마치 내가 불쌍하다는 듯한 눈으로 바라보았다. 그 시선이 몹시 싫었다. 나는 고개를 푹 숙인 채 서둘러 그 자리를 벗어났다. 가끔 동네에서 마주치는 또 다른 사람들도 다르지 않았다. 마치 내가 특별한 구경거리라도 되는 듯, 호기심과 동정이 뒤섞인 얼굴로 바라보곤 했다. 그들은 나에게 아무 말도 하지 않았지만. 그 눈빛만으로도 나에게 상처가 되었다.

어머니 심부름으로 작은아버지 댁에 언니와 함께 갔다가 집으로 돌아오는 길에 또 한 어른이 나를 보고 놀라며 말씀하셨다.

"아이고! 네가 다리 아프다는 그 애야?"

옆에 있던 언니가 대신 대답했다.

"예. 제 동생이 아파요."

"그래? 얼굴은 언니가 더 예쁘네! 그런데 공부는 아픈 네가 더 잘한다면서?"

어른의 말씀 중에 끝부분은 들리지 않았다. 내 귀에는 그저 "언니가 더 예쁘다."라는 말만 유독 또렷하게 들렸다. 그 말이 나에게 또 상처가 되었고, 그날 이후 내 자존감은 더 무너져 내렸다. 매사에 자신감도 점점 사라지기 시작했다. 어른들이 아무 생각 없이 던지는 비교의 말이 점점 두려워졌다. 그때부터 동네 밖으로 나가는 횟수가 점점 줄어들었고, 집 안에서 혼자 시간을 보내는 날들이 많아졌다.

고향에서 중학교를 졸업하고 대구에 있는 여고를 다니던 시절, 거리에서 장애인을 종종 마주치곤 했다. 그 옆을 지나가던 사람들은 장애인을 힐끔힐끔 쳐다보며 불쌍하다는 눈빛으로 바라볼 때마다, 나는 그 불편한 시선을 고스란히 느낄 수 있었다. 어릴 적 그런 시선을 느껴본 나는 일부러 장애인을 똑바로 바라보지 않으려 애썼던 기억이 지금도 또렷하다.

비교는 누구에게나 깊은 상처를 남긴다. 형제든, 친구든 서로를 비교하기 시작하는 순간, 두 사람 모두 불행해질 수밖에 없다. 아이를 있는 그대로 바라보고 인정해 주는 마음이야말로 아이에게 가장 큰 힘이 된다.

나의 기억 속 스승

살아가면서 우리는 학교생활과 배움을 통해 수많은 선생님을 만나게 된다. 나는 그동안 마음이 따뜻하고 기억에 오래 남는 훌륭한 선생님들을 많이 만났다. 그것은 내 인생에서 큰 행운이자 축복이었다. 좋은 선생님들과의 만남은 마음속에 스승을 향한 존경과 감사의 씨앗을 심어 주었고, 그 씨앗은 훗날 교사의 길을 걸어가는 데 큰 힘이 되었다.

초등학교 시절, 나는 오른쪽 발에는 보조기를 착용하고, 왼쪽 발에는 무겁고 불편한 구두를 신고 교실을 오가야 했다. 선생님과 반 친구들에게 늘 미안한 마음이 있어 교실로 들어갈 때마다 종종 망설이곤 했다. 나의 상황을 충분히 이해하신 선생님께서 반 친구들에게 이렇게 말씀해 주셨다.

"골반을 다쳐 보조기를 착용하고 학교에 다녀야 한단다. 다친 쪽 발과 균형을 맞추기 위해 왼쪽에는 조금 높은 구두를 신고 있어. 그리고 신발을 벗을 수가 없어. 너희들이 조금 불편할 수도 있겠지만, 친구를 이해하고 잘 도와주면 좋겠어."

선생님의 배려가 담긴 말씀이 내 마음을 감동하게 했고, 큰 위로가 되었다. 비 오는 날, 교실 밖에서 머뭇거리고 서 있을 때 친구가 달려와 말했다.

"여기 앉아봐. 신발에 묻은 흙 내가 털어줄게."

고마우면서도 미안한 마음에 우물쭈물하자, 친구는 웃으며 말했다.

"괜찮아, 여기 앉아 봐."

친구는 양쪽 신발에 묻은 흙을 깨끗하게 털어주었다. 내 곁에는 언제나 따뜻한 마음을 가진 선생님과 친구들의 배려와 돌봄이 있었다. 활동에는 제약이 있었지만, 덕분에 마음만큼은 큰 어려움 없이 학교 생활을 이어갈 수 있었다. 그때 느낀 작은 배려와 사랑이, 지금도 내 마음에 잔잔한 감동으로 남아 있다.

보조기를 착용하고 다닌 지 만 3년이 지난 4학년 봄 어느 날, 학교에서 처음으로 보조기를 벗고 스스로 걸어보기로 했다. 선생님께서 나의 어깨를 다독이며 말씀하셨다.

"내가 저기 느티나무 아래에서 기다릴 테니, 넌 천천히 그곳까지 걸어와 보렴.”

운동장 끝에 있는 느티나무는 멀게만 느껴졌고, 혼자 걸어갈 수 있을지 걱정되었다. 하지만 용기를 내어 조심스럽게 한 걸음 한 걸음 내디뎠다. 멀리서 선생님의 목소리가 들렸다.

“조심해. 넘어지면 안 돼. 천천히 와.”

나는 느티나무 아래에서 기다리고 계시는 선생님 앞으로 천천히 걸어갔다. 선생님이 계신 곳에 도착했을 때, 선생님은 나를 꼭 안아 주시며 말씀하셨다.

“그동안 고생 많았어. 힘든 시간 속에서도 잘 버텨줘서 고마워.”

선생님의 품은 엄마 품처럼 따뜻하고 포근했다.

중학교 시절, 친구와 함께 주말이면 가끔 가정 교과를 맡으신 선생님 댁에 놀러 가곤 했다. 학교 근처에서 자취하시던 선생님 댁까지 걸어서 가려면 시간이 꽤 걸렸지만, 전혀 힘들게 느껴지지 않았다. 선생님은 언제나 환하게 웃으며 우리를 반겨주셨다. 그 시절, 나는 선생님을 통해 하나님을 알게 되었고, 그 만남을 계기로 믿음의 길이 내 삶에 새롭게 다가왔다. 신앙은 내 마음을 지탱해 주는 소중한 힘이 되어, 내 인생을 더 단단히 세워 주었다. 그렇게 쌓인 신앙은 결국 대대손손 가문의 유산으로 물려줄 수 있을 만큼 가정의 든든한 초석이 되었다.

중학교 3학년 담임 선생님은 나의 진로에 결정적인 길을 열어 주신 분이셨다. 당시 시골 중학교를 졸업하면, 성적이 우수한 일부 학생만

대도시의 인문계 고등학교로 진학할 수 있었다. 운 좋게 인문계 고등학교에 진학할 수 있는 성적을 받았지만, 가정 형편상 부모님은 실업계 진학을 원하셨다. 그때 담임 선생님께서 고등학교 입학 원서 접수 마감을 하루 앞두고 직접 가정방문을 하셔서 부모님을 설득해 주셨다. 덕분에 인문계 고등학교에 원서를 제출할 수 있었다. 이후 입학 합격 통지서를 받고 언니와 함께 대구에서 자취생활을 시작했다. 선생님께서 부모님을 설득해 주지 않으셨다면, 나는 지금과 전혀 다른 길을 걷고 있을지도 모른다. 선생님의 부모님 설득이 내 인생에서 중요한 변곡점이 되었고, 지금의 나로 설 수 있는 밑거름이 되었다.

고등학교 3학년 때에도 좋은 담임 선생님을 만났다. 그 시절 학교에서는 밤 10시까지 남아 공부하는 '야간자율학습'을 시행했다. 선생님 대부분은 학생들을 무조건 교실에 남아 공부하게 했다. 그러나 담임 선생님의 생각은 달랐다. 야간자율학습을 원했던 학생들만 남아 자습을 하도록 하셨고, 집에서 공부하기를 원하는 학생은 집으로 보내 주셨다. 선생님께서는 학생 스스로 선택하고, 그 선택에 대한 책임을 지게 하셨다. 그 덕분에 나는 책임 있게 행동할 줄 아는 사람으로 성장할 수 있었다.

나는 가정형편 때문에 망설이다가 좋아하는 국문과를 지원했지만, 큰 좌절을 겪었다. 앞길이 막막하던 그때, 담임 선생님께서는 내 적성과 형편을 고려해 특수교육과가 있는 야간대학을 추천해 주셨다. 그 선택은 내 삶의 방향을 새롭게 열어 주었고, 오늘의 나를 존재하게 한 소중한 계기가 되었다.

　이처럼 내가 걸어온 길 곳곳에는 늘 좋은 선생님들이 함께해 주셨음을 기억한다. 학창 시절 만났던 좋은 선생님들께 이 지면을 빌어 인사를 드리고 싶다.

　"선생님, 정말 감사합니다. 그리고 존경합니다."

눈물에서 감사로

　나는 한 학년에 세 반뿐인 시골 중학교에 다니다가, 대구 원화여자고등학교라는, 한 학년에 무려 열여섯 반이 있는 큰 학교에 들어가게 되었다. 학교의 규모만큼이나 세상은 넓어 보였고, 모든 것이 낯설었다. 빠르게 흘러가는 수업과 경쟁으로 가득 찬 분위기 속에서 적응하는 일은 쉽지 않았다.

　1학년 중간고사 성적은 형편없었다. 혼자 공부하는 방법도 몰랐고, 학원에 다닐 형편도 되지 않았다. 게다가 부모님은 대학 진학을 바라지 않으셨다. 성적은 떨어지고, 희망은 흔들렸으며, 나는 점점 ‘대학’이라는 꿈에서 멀어져 갔다. 만회해야겠다는 의지조차 생기지 않았다. 그렇게 자연스레 공부와 책에서 멀어졌고, 결국 전혀 다른 진로를 찾아야겠다고 마음먹게 되었다.

그 당시는 고압가스 관련 자격증이 유행이었다. 겁이 많은 편이었지만, '필기시험만 붙으면 나중에 배우면 되지!' 하는 마음으로 도전했다. 그러나 결과는 처음부터 낙방이었다. 몇 번 더 도전했지만, 결과는 같았고, 결국 나는 그 길을 포기했다.

고3이 되자 친구들은 대학 입시를 위해 학교에서도, 집에서도 밤 늦게까지 공부에 매달렸다. 교실마다 긴장과 열기로 가득했지만, 나는 그 흐름에서 한발 비켜 서 있었다. 일찍 집으로 돌아와 특별히 하는 일 없이 시간을 흘려보냈다. 지금에 와서 돌아보면 참으로 철이 없던 시절이었다. 가정형편을 원망하며 부모님께 서운함을 품기도 했고, 비 오는 날 우산도 없이 먼 길을 묵묵히 걸어오다 이유 모를 서러움에 잠기곤 했다. 그때의 나는 세상에 홀로 남겨진 것 같은 기분으로 하루하루를 견뎠다.

언니와 자취하며 학교에서 꽤 먼 곳에 살던 어느 날, 버스 승차권이 없어서 혹시나 하고 가방을 뒤지고 또 뒤져보았지만, 승차권은 보이지 않았다. 주인집 아주머니께 돈을 빌릴 용기도 나지 않았다. 한참을 망설이다가, 결국 자존심을 내려놓고 모르는 사람에게 도움을 청하기로 했다. 교복을 입은 채 버스 정류장 근처 약국에 들어가 조심스럽게 말했다.

"저… 지금 학교에 가야 하는데 버스표가 없어서요. 버스표 한 장

살 돈을 빌려주시면, 꼭 갚겠습니다.”

다행히도 약사님은 아무 말 없이 회수권 한 장 살 돈을 내어주셨다. 그 순간 마음속에 밀려온 감사함은 지금도 잊을 수 없다. 만약 그분이 거절하셨다면, 나는 학교에 가지 못하고 언니가 돌아올 때까지 집에서 발만 동동 구르고 있었을 것이다. 그날 약사님의 따뜻한 관심과 배려는 내 마음에 깊이 새겨졌고, ‘언젠가 나도 누군가에게 이런 관심과 배려를 전하는 사람이 되어야겠다.’라는 작은 결심이 싹트던 순간이었다.

대학에 입학한 뒤 얼마 지나지 않아 자취를 시작했다. 가난이 무엇인지를 온몸으로 배워 가던 시절이었다. 먹을 것이 없어 고추장에 밥을 비벼 끼니를 때운 적도 있었고, 간식은 감히 생각조차 하지 못했다. 그런 생활이 견디기 힘들었고, 가난한 현실이 원망스러웠다.

그러던 어느 날, 문득 교회 종소리가 들려왔다. 그 소리를 듣는 순간, 이유도 모른 채 눈물이 흘러내렸다. 언니를 통해 시골에서 예수님을 믿을 때 만났던 목사님을 다시 만나게 되었고, 그 인연을 계기로 나의 신앙생활은 본격적으로 시작되었다. 그 이후로 나는 조금씩 달라졌다. 가난을 원망하던 마음 대신, 하루를 살아낼 수 있음에 감사하게 되었고, 고추장에 밥을 비벼서라도 먹을 수 있다는 사실만으로도 감사가 찾아왔다. 환경은 달라지지 않았지만, 내 마음은 새로 태어난 것처럼 변해 있었다.

지금 돌아보면, 그 시절의 모든 경험은 내 삶에 주어진 큰 선물이었다. 좌절과 가난 속에서 누군가의 작은 도움이 얼마나 큰 힘이 될 수 있는지를 배웠고, 신앙을 통해 어떤 상황에서도 감사할 수 있는 마음을 얻었다. 그 모든 시간이 오늘의 나를 만들었음을, 그리고 그렇게 힘겨웠던 시절마저 이제는 감사할 수 있게 되었음을 조용히 고백해 본다.

내 힘으로 버텨낸 대학 시절

대학교를 내 힘으로 다니겠다고 마음먹은 나는 무엇이든지 다 해낼 수 있을 거라 자신했다. 하지만 막상 대학에 입학하고 마주한 현실은 생각보다 훨씬 냉혹했다. 누구에게도 기대지 않고 내 힘으로 해내겠다고 여러 번 다짐했지만, 낮에 할 만한 일을 찾는 일은 쉽지 않았다. 과외라도 하면 좋겠지만, 당시 전두환 정권 시절에 개인 과외가 금지되어 선택의 문은 꽉 막혀 있었다. 선택지가 없다는 것이 이렇게 숨이 조여오는 일인지 그때 처음 알았다.

그러던 어느 날, 바람에 흔들리던 한 장의 광고지가 눈에 들어왔다. 생활필수품 판매원을 모집한다는 광고였다. 발로 뛰어다니며 물건을 팔면 되는 일이라 용기를 내어 도전해 보기로 했다. 사무실에서 물건을 받아 나온 날부터 나는 골목골목 사람들을 찾아다니기 시작했다. 마당에 사람이 있는 것을 확인하고 조심스럽게 대문을 두드렸다.

"실례합니다."

"누구세요?"

"저… 수세미나 비누, 타올 중 하나만 사 주세요."

그러나 돌아오는 말은 대부분 "필요 없어요, 가세요."였다. 쫓겨나듯 발길을 돌릴 때마다 세상에서 밀려나는 듯한 기분이 들었다. 포기하고 싶은 마음도 들었지만, 나는 다시 마음을 다잡고 용기를 내어 발걸음을 옮겼다. 그때 마당에 계신 할머니가 보였다. 나는 조심스레 대문을 열고 들어갔다.

"할머니, 안녕하세요? 죄송하지만 이거 하나만 사 주세요."

할머니는 나를 한참 바라보시더니, 부드럽게 말씀하셨다.

"대학생이구먼, 수세미 하나 줘요."

그 순간, 마치 구세주를 만난 듯 기뻤다. 할머니의 배려에 다시 힘을 얻었다. 지친 몸을 이끌고 계속해서 집마다 방문했다. 하지만 할머니 외에는 그 누구도 내 손을 잡아주는 사람이 없었다. 하루하루를 버텨내며 지쳐가던 나는 털레털레 집으로 돌아와 이불을 뒤집어쓰고 목놓아 울었다. 처음 사회를 접한 나는 서러움이 북받쳐 올라 끝없이 눈물을 쏟았다. 지금도 그 시절을 떠올리면 마음 한구석이 시리다. 포기하고 싶다는 생각이 들다가도, 그러면 안 될 거 같아 다시 마음을 다잡았고, 나는 또다시 문을 두드렸다. 그러나 꽁꽁 얼어붙은 사람들의 마음을 녹일 방법은 좀처럼 보이지 않았다. 결국 그 일은 오래 하지 못했다.

그 후 여러 일을 찾아보던 중, 학교 앞 커피숍에서 아르바이트생을 구한다는 소식을 들었다. 커피 향이 가득한 활기찬 공간은 낮에는 학생들로 북적였다. 몸은 피곤했지만 견딜 만했다. 여름방학에는 밤늦게까지 일해야 했다. 같은 과 언니들과 하루를 마무리하며 서로를 위로하는 시간은 삶의 작은 위안이 되었다. 하지만 하루 종일 창 하나 없는 지하에서 지내다 보니 햇살이 그리워졌다. 쉬는 날이면 캠퍼스 벤치에 앉아 따사로운 햇볕을 쬐며 생각에 잠기곤 했다. 그러던 어느 날, 지인이 말했다.

"교수님 사무실 청소 아르바이트해 보지 않겠어요?"

수입은 커피숍보다 적었지만, 새로운 환경에서라면 더 성실히 해낼 수 있을 것 같았다. 커피숍을 나오기로 결심했다. 첫날, 교수님의 사무실에서 교수님을 직접 뵈니 긴장이 되었다. 맡은 일은 단순한 청소였지만, 나는 책상 위는 물론 보이지 않는 구석까지 꼼꼼하게 닦으며 최선을 다했다.

몇 달 뒤, 겨울방학을 앞두고 교수님께서 나를 부르셨다.

"항상 시간을 잘 지키고 성실하게 일해 주어서 고마워요."

그 말은 내게 큰 힘이 되었다. 그동안의 고생을 모두 보상받는 듯 따뜻하게 품어주는 느낌이었다. 그리고 교수님은 뜻밖의 제안을 건

네셨다.

"청각·언어장애 클리닉에서 일해볼 생각이 있나요? 학생 같은 사람이 꼭 필요해요."

뜨거운 감사와 진한 감동이 동시에 밀려왔다. 누군가가 나를 '필요하다.'라고 말해 준 것은 그때가 처음이었다. 힘들고 막막했지만, 따뜻한 도움의 손길로 살아갈 힘을 얻을 수 있어서 참 감사했다. 그렇게 하여 나는 클리닉에서 새로운 일을 시작하게 되었고, 그 경험은 내삶에 큰 전환점이 되었다.

대학 졸업 전, 클리닉에서의 교사 준비

대학교 시절, 나는 대학교 부설 청각·언어장애 클리닉에서 예비 교사로서 실무 경험을 쌓을 기회를 가질 수 있었다. 그곳에서 베테랑 선배 선생님을 만나 청각장애 아이들을 지도하는 실질적인 방법을 배웠고, 청각장애뿐 아니라 다양한 언어장애 아이들을 지도할 수 있는 수업 기술도 함께 익힐 수 있었다.

그중에서도 특히 기억에 남는 아이가 있다. 어머니 등에 업힌 채 늘 잠든 모습으로 클리닉에 들어오던 세 살짜리 아이였다. 아무런 말을 하지 못한 채 울고 웃는 것으로만 감정을 표현하던 아이였다. 아이의 부모는 아이가 어릴 때부터 청력에 이상이 있다고 의심했지만, "늦되는 아이도 있다.”라는 시댁 어른들의 반대로 병원에서의 진료가 미뤄졌고, 결국 세 살이 되어서야 청각장애 진단을 받고 보청기를 착용하게 되었다고 했다. 보청기 상사에서 소개한 언어치료실에 다녔지만, 진전이 없어 수소문 끝에 우리 클리닉을 찾아왔다고 말했다.

선배 선생님은 그 아이를 맡아 언어치료를 시작했고, 몇 달 뒤 놀라운 변화가 보였다. 한마디 말도 하지 못하던 아이가 발성 훈련을 통해 “엄마”, “아빠”를 말하고, 점차 “좋아!”, “싫어!”, “더 줘!”와 같은 기본적인 의사 표현도 하게 되었다. 그 변화의 과정을 곁에서 지켜보며 청각장애 아동에게 발성 훈련이 얼마나 중요한지, 그리고 언어지도라는 분야가 얼마나 매력 있는지를 알게 되었다. 이 경험을 계기로, 3학년이 되면서 여러 장애 영역 중 청각장애를 전공하게 되었고, 이후 관련 이론과 실무를 더 깊이 있게 배우기 시작했다.

대학 졸업을 앞둔 시기, 학생 신분이었지만 학교 현장에서 경험하게 되는 실습 과정을 통해 특수 교사로서 해야 할 역할을 미리 경험할 수 있었다. 클리닉에서 언어치료를 받던 아이들이 일반 초등학교에 통합된 뒤, 하교 후 클리닉에 언어치료를 받으러 오는 아이들이 있었다. 그중에서 초등 저학년 아이들의 언어치료를 내가 담당하게 되었다.

이 아이들은 기본적인 의사소통이 가능했지만, 발음이 정확하지 않아 지속적인 발음 교정이 필요했다. 또한 문장을 쓰는 법, 하루를 정리해 일기로 표현하는 방법도 차근차근 알려주었다. 또한 학교생활

속에서 마주하는 크고 작은 어려움을 함께 살피고, 그 상황을 어떻게 헤쳐 나가야 하는지에 대해서도 곁에서 도와주었다.

아이들을 지도할 때 부모가 관찰 거울을 통해 나와 아이의 모습을 바로 볼 수 있는 방식이었기 때문에 은근히 스트레스를 많이 받았다. 어떤 부모는 정식 교사가 아닌 내가 자녀를 가르친다는 이유로 불편한 기색을 노골적으로 드러내기도 했다. 그럴수록 나는 마음을 다잡고 책임감 있게 수업을 준비하며 최선을 다해 가르쳤다. 시간이 흐르면서 아이들의 변화가 눈에 띄자, 부모들은 나를 신뢰하게 되었고, 이후에는 격려와 함께 든든한 지지를 보내 주었다.

대학교 4학년 겨울, 클리닉에서는 아이들을 위한 특별프로그램으로 작은 발표회를 마련했다. 나는 초등 저학년 아이들과 함께 리듬합주 프로그램을 맡게 되었다. 청각장애 아이를 대상으로 음악을 지도해 본 적이 없었던 나는 무척 당황했다. 과연 잘 해낼 수 있을지 걱정되었다. 하지만 이 또한 예비 교사로서 성장할 소중한 기회라고 생각했다. 큰북·작은북·탬버린·캐스트넷 등 다양한 악기를 활용해 아이들에게 개별적으로 연주 방법을 기초부터 가르치기 시작했다.

당시 나는 막연히 잔존 청력이 좋은 아이가 더 잘 해낼 것 같았다. 그러나 실제로는 달랐다. 잔존 청력이 거의 없어 큰북 소리만 들을 수 있던 아이였는데, 몸으로 리듬을 익히게 하자, 빠르게 이해하고 훌륭히 연주해 냈다. 합주에서는 청력의 손실 정도보다 리듬감과 몸으로 느끼는 감각이 더 중요함을 깨달았다. 하지만 합주는 개인 연주와 달리 훨씬 어려웠다. 연주하는 속도가 서로 맞지 않아 반복 연습이 필요했고, 그 과정에서 석진이가 힘들어하며 털썩 주저앉았다.

"저 안 할래요."

"왜?"

"힘들어서요."

"힘들어도 해야 해."

"싫어요. 하기 싫어요."

합주 연습을 싫어하는 석진이를 어떻게 지도해야 할지 몰라 당황했다. 지금의 나였다면 석진이의 마음을 먼저 헤아리고, 스스로 다시 도전해 보려는 의욕을 갖도록 도와주었겠지만, 당시의 나는 생활지도 경험이 없어서 그러지 못했다.

잠시 쉬는 시간을 갖고 선배 선생님께 도움을 요청하고 싶었지만, 모두 수업 중이었다. 그때 관찰 거울 너머로 수업을 지켜보던 석진이 어머니가 다가와 석진이를 다독였다.

"석진아, 선생님이 가르쳐 주시는 데로 친구들과 잘 연주하면 네가 원하는 것 선물로 사 줄게."

그 한마디에 조금 전까지만 해도 힘들다며 주저앉았던 석진이의 모습은 온데간데없이 사라지고, 언제 그랬냐는 듯 즐겁게 연습에 참여했다. 막막했던 그 순간을 도와주신 석진이 어머니가 고마웠다. 동시에 아이들을 지도하는 데는 생활지도라는 또 다른 하나의 영역이 있다는 사실을 알게 되었다.

마침내 작은 발표회가 있던 날, 처음으로 많은 사람 앞에 서는 아이들의 얼굴은 붉어지고 긴장한 기색이 역력했다. 나 역시 난생처음 지휘를 맡아서 많이 떨렸다. 아이들은 부모님과 선생님들 앞에서 하나가 되어 끝까지 최선을 다해 연주를 마쳤고, 무사히 무대를 내려왔다.

"정말 잘했어. 고마워."

내 말에 아이들은 미소를 지으며 안도의 숨을 내쉬었다. 옆에 있던 석진이가 갑자기 두 팔을 번쩍 들며 외쳤다.

"와, 이제 끝났어. 근데 우리 진짜 잘한 것 같아!"

옆에 있던 친구도 크게 웃으며 말했다.

"맞아, 우리 정말 잘했어!"

아이들의 얼굴에는 큰일을 해낸 성취감과 기쁨이 가득했다.

예비 교사로서 보낸 이 시간은 단순한 현장 경험을 넘어, 나에게 아주 값진 자산이 되었다. 아이들의 가능성을 발견하고, 각자의 속도대로 자라는 그들의 성장을 돕는 교사가 되어야겠다는 의지를 다시 다짐하는 계기가 되었다.

Part 2
미안한 마음이 남은 자리

가르친다는 일은
언제나 조심스러운 일

미안한 마음 하나가
나를 다시
아이 곁으로
돌려놓았다.

아이의 첫 말, "엄마"

서울에서 올림픽이 열리던 1988년, 대학을 막 졸업한 나는 충주성심학교에서 교직 인생의 첫걸음을 내디뎠다. 우리 학교는 1987년도에 유치부 학급 인가를 받았고, 당시에는 유아특수교사 자격 제도가 없어 초등 특수 교사였던 내가 부임과 동시에 유치부를 맡게 되었다. 그렇게 해서 '샛별 반' 꼬마들을 만나며 나의 교직 생활은 시작되었다.

아이들 모두는 보청기를 착용하고 있었고, 나이는 네 살부터 일곱 살까지 다양했다. 귀여운 아이를 비롯해 또래보다 조숙한 아이도 있었고, 발음이 부정확해 말을 알아듣기 힘든 아이, "엄마", "아빠"를 비교적 또렷하게 말하는 아이도 있었다. 모습은 제각각이었지만, 나에게는 모두 소중한 첫 제자들이었다.

재활원에서 생활하며 학교에 다니는 아이들도 있었고, 부모와 함께 집에서 통학하는 아이들도 있었다. 통학하던 아이들의 부모들은 어린 나이에 부모 곁을 떠나 재활원에서 지내는 아이들을 늘 안쓰럽게 여기며, 세심하게 챙겨 주곤 하셨다.

나는 사회생활을 막 시작한 새내기 교사였기에, 부모와 떨어져 지내며 외롭고 힘들었을 아이들의 마음도, 자녀를 멀리 보내 놓고 늘 마음을 졸였을 학부모의 마음도 제대로 헤아리지 못했다. 교사로서 가르쳐야 할 것들을 챙기느라 하루하루가 정신없이 흘러갔던 것 같다.

이제 와 돌이켜보니, 아이들이 얼마나 부모를 그리워하며 외로움을 견뎌냈을지, 또 부모들은 자녀들과 떨어져 생활해야 했기에, 얼마나 마음 아파했을지를 생각하면 가슴이 아프다. 그 어린아이들을 조금 더 따뜻하게 안아주지 못했던 점도, 부모들의 애틋한 마음을 제대로 살피지 못했던 점도 그저 미안할 뿐이다.

그 당시 유치부 수업은 매우 특별했다. 부모와 함께 통학하는 아이들의 경우, 등교하는 순간부터 하교할 때까지 부모가 온종일 교실에서 아이와 함께 지냈다. 대학 졸업 전, 대학교 부설 기관인 클리닉에서 아이들을 지도하며 관찰 거울로 학부모가 수업을 지켜보는 경험을 했지만, 교실이라는 한 공간에서 학부모가 하루 종일 함께 생활하며 아이를 가르치는 일은 그와는 비교할 수 없는, 전혀 다른 차원의 경험이었다. 처음에는 매일 연구수업을 하는 것처럼 느껴져 스트레스도 적지 않았다. 그러나 학부모가 수업을 직접 보고 가정에서 반복 지도할 때, 아이의 성장이 더 빠르다는 사실을 잘 알고 있었다. 그래서 그 모든 어려움과 불편함을 견딜 수 있었다.

그 시절, 학부모들의 가장 큰 소망은 자녀가 말을 또렷하게 하는 것이었다. 특히 '엄마'를 제대로 부르지 못하는 아이의 부모에게는 자녀의 입에서 "엄마"라는 말 한마디를 직접 듣는 일이 무엇보다 간절한 바람이었다. 그 마음만은 나도 충분히 이해할 수 있었다. 다행히 나는 말한마디 하지 못하는 아이들에게 기초훈련을 통해 말할 수 있게 지도하는 방법을 알고 있었고, 말하기 지도만큼은 자신이 있었다. 그래서아이들이 조금이라도 더 또렷하고 유창하게 말할 수 있도록 때로는 지나치다 싶을 정도로 지도했다.

말을 배우기 위해서는 호흡 훈련, 청능 훈련, 발성 훈련, 발음 훈련 등 여러 가지 기초훈련이 필요하다. 그중에서 입술소리인 'ㅍ' 발성을 익히기 위해 '입으로 바람을 내는 활동'을 자주 했다. 알록달록한 색종이를 아주 작게 잘라 책상 위에 올려두고, 입술에서 나오는 바람으로 종이가 날아가도록 '후~' 하고 불게 했다. 아이들은 입으로 분 색종이가 책상 아래로 우르르 떨어지는 모습을 보고 신이 나, 더 세게 불며 즐거워했다. 그다음에는 입술을 꼭 다물고 있다가 순간적으로 입술을 열고 '파파' 하며 종이를 날리게 했다. 또, 겹겹이 된 화장지를 한 겹만 떼어 아이 입 앞에 대고, 소리 없이 '파파파'하며 불게 한 뒤, 모음 '아'와 결합해 '파-'소리가 나오도록 유도했다. 그렇게 하나하나 입술소리를 익혀나갔다. 어느 날, 아이의 활동을 유심히 지켜보던 한 어머니가 내게 말했다.

"선생님, 우리 아이가 저를 보고 '엄마'라고 부르면, 아이가 원하는 건 뭐든지 다 사 줄 수 있을 것 같아요."

그 어머니의 간절한 눈빛을 보며 대답했다.

"걱정하지 마세요. 반드시 '엄마'라고 부르는 날이 올 거예요."

우리는 모두 그날을 기대하며 기쁜 마음으로 아이를 지도했다. 그러던 어느 날, 마침내 아이가 '엄마'를 향해 또렷하게 "엄마!"라고 불렀다. 그 순간, 아이의 어머니는 아이를 꼭 끌어안고 하염없이 눈물을 흘렸다. 자녀가 태어난 지 네 해가 지나서야 처음으로 들은 "엄마!"라는 목소리는 출렁이는 파도처럼 우리 모두를 감동으로 휘감았다. 그 순간, 나 역시 눈시울이 뜨거워졌다.

일반적으로 비장애 아이들은 생후 열 달쯤 자연스럽게 "맘마"를 말하고, 돌이 지나면 "엄마"라고 부르게 된다. 그러나 청각장애 아이들에게는 그 과정이 다른 아이들처럼 자연스럽게 이어지지 않는 경우가 많다. 그래서 오랜 시간, 수없이 반복되는 연습과 꾸준한 훈련 끝에 마침내 들려오는 "엄마"라는 말 한마디는, 그 자체로 기적과도 같다. 부모의 가슴을 벅차게 채운 그 감격은 이루 말할 수 없을 정도로 깊었고, 그 순간을 지켜보던 모든 이들의 마음을 따뜻하게 적셨다.

초임 시절의 나는 솔직히 말해 말하기 지도에 욕심이 많았다. 발음이 조금만 부정확해도 다시 말하게 했고, 아이가 힘들어하는데도 같은 연습을 집요하게 반복시켰다. 기대만큼 따라오지 못하는 날에는, 속상한 마음을 얼굴에 드러내거나 목소리가 높아지기도 했다.

지금 돌이켜 보면, 아이들은 저마다의 속도로 충분히 애쓰고 있었는데, 나는 오직 결과만을 바라보며 다그치고 있었다. 그 모습을 떠올리면 아이들에게 미안한 마음과 함께 쓴웃음이 난다. 그때의 시행착오와 후회가 있었기에, 지금의 나는 아이의 발걸음을 기다려 주고 마음을 먼저 헤아릴 줄 아는 교사로 조금은 더 성장할 수 있었던 것 같다. 그 시절의 경험은 교사로서의 나를 단단하게 세워 준 또 하나의 소중한 배움이었다.

윤슬처럼 반짝이던 교실의 기억

세월은 참으로 쏜살같이 흘러간다. 아이들의 웃음소리와 작은 발걸음이 가득했던 교실의 풍경이 아직도 눈앞에 아른거린다. 그 시절을 돌이켜 보면, 설렘과 긴장, 그리고 기대와 작은 기적들이 켜켜이 쌓인 나날이었다. 매 순간이 새로운 배움이었고, 아이들이 웃고 울며 자라나는 모습을 지켜보는 동안 나 역시 교사로서, 또 한 사람으로서 조금씩 성장해 갔다. 아이들은 나에게 인내와 사랑, 그리고 삶을 대하는 태도를 가르쳐 준 스승이었다. 세월이 흘러도 그때 교실에서 느꼈던 따뜻함과 배움은 마음 깊이 남아 좋은 추억이 되었다. 교직에서의 시간은 단순히 흘러간 세월이 아니라, 삶을 차곡차곡 빚어낸 한 권의 소중한 책과도 같다.

　유치부 아이들의 수가 점점 늘어나면서 학급 수를 늘렸지만, 교실이 부족해 지금의 청력검사실을 사용하던 때도 있었다. '병아리 반'을 맡았을 때는 아이들 대부분이 통학생이어서 아침마다 어머니의 손을 꼭 잡고 등교했다. 햇병아리처럼 노란 옷을 입고 교실에 들어온 아이들을 맞이하던 때가 엊그제 같은데, 이제는 그 아이들이 결혼해 자기 자녀를 학교에 보내고 있으니, '세월이 쏜 살과 같다.'라는 말이 더욱 실감이 난다.

　얼마 전, 예전에 함께했던 쌍둥이 아이들의 어머니를 만났다. 어머니의 이야기를 통해 가물가물한 기억을 조금이나마 다시 떠올릴 수 있었다. 나는 조심스럽게 여쭸다.

　"그 당시 제가 어떻게 했는지 말씀해 주시겠어요?"

　어머니는 함박웃음을 지으시며 눈을 크게 뜨고 되물으셨다.

　"정말 말씀드려도 돼요?"

　그 순간, 나는 괜스레 가슴이 두근거렸다. 어떤 이야기가 나올지 긴장되면서도 마음은 어느새 30여 년 전 그 시절로 되돌아가 있었다.

　"선생님, 그때 정말 야무지게 가르치셨어요. 덕분에 우리 아이들이 말을 또렷하게 배울 수 있었지요. 그 점은 지금도 늘 감사하게 생각하고 있답니다."

　나는 뭔가 다른 이야기가 있을 것 같아, 애교 섞인 목소리로 말했다.

　"그러지 마시고요, 그 당시 제가 어떻게 했는지 솔직하게 말씀해 주세요.”

어머니는 특유의 호탕한 웃음을 지으시며, 마치 타임머신을 타고 옛 시절로 돌아간 듯 그때의 감정을 솔직하게 들려주셨다.

“그때 저는 아이 둘을 동시에 가르쳐야 해서 상당히 부담스러웠지만, 선생님이 알려주신 방법 그대로 집에서 연습해서 학교에 갔지요. 저한테는 칭찬을 많이 해 주셨는데, 다른 학부모에게는 가끔 꾸중도 하셨어요. 아주 야무지고 매섭게요. 그때 선생님은 정말 엄격하셨어요.”

그 이야기를 들으며 나는 다시 물었다.

“그랬군요. 그때 제가 뭐라고 했었나요?”

“아이 둘을 데리고도 이렇게 숙제를 잘해 오는데, 아이 한 명인데 왜 못 하셨어요? 라고 하셨어요.”

어머니는 쑥스러운 듯 “허허허” 웃으셨다.

순간, 부끄러움이 밀려왔다. 그리고 그때 어머니들이 받았을 상처를 떠올리니 미안한 마음이 들었다. 당시 나는 부모의 마음을 충분히 헤아리지 못했다. 오직 아이들에게 ‘말을 잘하게 해야 한다.’라는 생각 하나로 앞만 보고 달렸다. 아이들이 또렷하게 말할 수 있을 때까지 반복하고 또 반복시켰으니, 지금 생각하면 아이들도 많이 힘들어했을 것 같다. 그 시절 학부모들의 관심은 온통 자녀의 ‘말하기’에 집중되어 있었다. 부모의 마음을 알고, 아이들의 말하기 연습을 더 정성껏, 때로는 욕심을 부리며 지도했던 것 같다.

지금처럼 내가 그때 어머니들의 마음을 이해하고 있었다면, 학부모에게 건넸을 말도 훨씬 부드럽고 따뜻했을 것이다. 또한 각자의 속도로 성장하는 아이들을 인정하며 지도할 수 있었을 텐데… 이런저런 생각이 스치면서 아쉬움이 남는다.

20여 년 전, 교실 안에서 자녀의 학습활동을 세심하게 지켜보며 늘 열정적으로 지원해 주셨던 주혜 어머니와 며칠 전 통화를 했다. 주혜를 만났을 때 나는 이미 학부모가 되어 있었기에, 내 안에도 많은 변화가 있었다. 그때도 변함없이 유치부 수업 시간에는 어머니들이 자녀와 함께 시간을 보내며 수업을 유심히 관찰하고, 공책에 일일이 기록하곤 했다. 주혜 어머니가 과거를 떠올리며 말씀하셨다.

"그해 선거가 있었잖아요. 선생님께서 아이들과 함께 투표장에 다녀오라고 간곡히 부탁하셨는데, 반 아이들 대부분이 못 갔던 걸로 기억해요. 그때 선생님께서 많이 아쉬워하셨죠."

나는 웃으며 답했다.

"제가 그랬군요. 선거를 통해 새로운 낱말을 배울 좋은 기회라고 생각해서 그렇게 말씀드렸던 것 같아요."

어머니가 이어서 말씀하셨다.

"선생님의 자제분이 우리 반 아이들보다 나이가 많았기 때문에, 양육하시면서 겪은 경험을 나눠 주셨죠. 어린아이를 키우는 저로서는 정말 큰 도움이 되었던 걸로 기억해요."

"도움이 되셨다니, 정말 다행이네요. 어머니 말씀을 들으니, 저도 조금씩 기억이 나네요."

나는 말을 이어갔다.

"그때 함께 공부했던 아이들이 제 말을 들으며, 제 입 모양과 표정을 뚫어져라 쳐다보던 초롱초롱한 눈빛이 어제 일처럼 생생해요."

어머니가 웃으며 대답하셨다.

"그러시군요. 그때 선생님께서 열심히 지도해 주셨고, 저도 아이가 첫째라 정말 열심히 지도했던 거 같아요."

벌써 20여 년이라는 시간이 흘렀지만, 한마디 말을 배우기 위해 애쓰던 아이들, 그 곁에서 숨죽이며 응원하던 부모님들, 그리고 그 모습을 바라보며 함께 배우고 성장했던 나 자신까지, 그 모든 순간은 시간이 흘러도 내 마음속에서 고요히 윤슬처럼 반짝인다.

공개수업, 아이들과 함께 쓴 극본

아이들의 언어능력을 발달시키기 위한 '치료교육' 수업을 진행했던 시절이 있었다. 학급 수가 많아 아이들의 수준에 따라 반을 나누어 수업했다. 나는 인지능력과 언어 수준이 높은 반을 맡았다. 문해력과 사고력이 뛰어난 아이들이 모인 반이라 수업 분위기는 늘 활기찼고, 아이들의 몰입도 또한 놀라웠다. 그때 나는 아이들과 함께 직접 극본을 써 보기로 했다. 교과서 속 극본은 익숙했지만, 직접 대화체로 극본을 쓰는 일은 아이들에게는 다소 낯선 도전이었다. 그래서 먼저 구어체와 문어체의 차이를 알려준 뒤, 주말 동안 있었던 일을 친구끼리 대화체로 써 보게 했다. 시간이 흐르면서 아이들은 극본 쓰기에 점점 흥미를 느꼈고, 태도 역시 눈에 띄게 달라졌다. 아이들은 서로의 이야기에 귀 기울이고, 상상의 세계를 마음껏 펼치며 극본을 써 내려가기 시작했다. 그 결과, 청각장애로 보청기를 착용하고 특수학교 유치부를 졸업한 뒤 일반 초등학교에 통합되어 성장하는 내용을 담은 「예지의 꿈」이라는 극본 작품이 완성되었다.

공개수업을 며칠 앞둔 어느 날, 평소 밝던 성한이가 힘없이 자리에 앉아 있었다.

"성한아, 왜 그래?"

"저… 하기 싫어요."

"하기 싫어도 해야 해. 지금 와서 안 한다고 하면 어떡해?"

그때 나는 성한이의 마음을 이해하려 하지 않았다. 성한이에게는 분명 그럴 만한 이유가 있었을 텐데. 그때 나는 이렇게 물어봤어야 했다.

"성한아, 연극 연습이 힘들어?"

이렇게 대화를 시작했더라면 성한이의 마음을 조금 더 이해하고, 함께 해결 방법을 찾을 수 있었을 것이다. 하지만 그때 나는 미숙하게도 내가 원하는 결과만을 바라보았고, 성한이의 마음을 헤아리지 못했다. 그때의 내 모습은 지금도 마음 한구석을 아프게 한다. 다행히 성한이는 용기를 내어 다시 연극 연습에 참여하게 되었다.

마침내 연극을 발표하는 날이 다가왔다. 아침부터 교실 분위기가 조금 달랐다. 아이들은 평소보다 말수가 줄었고, 얼굴에는 긴장한 기색이 역력했다. 「예지의 꿈」이란 제목으로 강당에서 연극으로 공개 수업이 있는 날이었기 때문이다. 창문 너머로 스며드는 햇살은 유난히 따스했지만, 내 마음은 설렘과 떨림이 뒤섞인 채 바삐 움직이고 있었다.

수업이 시작되기 전, 나는 아이들의 눈을 천천히 바라보며 마음속으로 조용히 다짐했다.

'괜찮아, 평소처럼 하면 돼. 너희들은 충분히 잘할 수 있어.'

작은 떨림 속에 공개수업 시간이 성큼 다가왔다. 넓은 객석에는 동료 교사들과 교육청 장학사님, 그리고 다른 학교의 장학 위원님들까지 자리해 주셨다. 많은 사람 앞이라 아이들이 긴장했을 텐데도, 최선을 다해 멋진 공연을 선보였다. 그 모습은 보는 이들의 마음까지 울릴 정도로 감동적이었다. 공연이 끝난 뒤, 아이들과 함께 소감을 나누며 수업을 마무리했을 때, 내 마음은 벅차오르는 기쁨과 뿌듯함으로 가득 찼다.

「예지의 꿈」이란 작품을 완성하는 과정에서, 아이들은 자신감과 성취감을 얻었고, 나는 교사로서 큰 보람과 뿌듯함을 느낄 수 있었다. 1999년, 나는 아이들 덕분에 '우수 교사상'을 받을 수 있었다. 하지만 그 상보다 더 값진 것은 포기하지 않고 끝까지 최선을 다한 아이들의 순수한 마음과 열정이었다.

비록 공개수업이라는 무대는 끝났지만, 그날의 경험은 내 교직 인생에서 늘 마음에 남는 소중한 순간으로 자리 잡았다.

숟가락 속에 담긴 이야기

오전 수업을 마치고 찾아오는 점심시간은 모두에게 하루 중 가장 기다려지는 시간이다. 허기진 배를 달래며 함께 웃고 이야기를 나눌 수 있는 소중한 시간이기 때문이다. 하지만 즐거워야 할 이 시간이 때로는 부담으로 느껴지기도 한다. 왜냐하면 아이들의 편식을 바로잡고 올바른 식습관을 길러 주기 위해서는 점심 식사 시간에 꾸준한 인내와 세심한 지도가 필요하기 때문이다.

교직 생활 초기에 담임을 맡았던 학급에는 무지갯빛처럼 다채로운 아이들이 있었다. 학습에 큰 어려움이 없이 잘 따라오는 아이도 있었지만, 청각장애와 뇌 병변 장애가 있는 중복 장애아이도 있었고, 청각장애가 있었지만, 수어조차 몰라 의사소통 자체가 불가능한 아이도 함께했다. 그중 재활원에서 생활하는 해리라는 아이가 있었다. 급식소가 따로 없어서 점심시간이면 재활원으로 돌아가 식사하고 다시 학교로 돌아와 오후 수업을 해야 했다. 점심시간이 되어 재활원 식당에서 밥을 먹었다. 지금과는 달리 자율배식이 아니었고, 조리원이 식판에 담아주는 반찬을 남기지 않고 다 먹어야 했다.

그러던 어느 날, 해리가 받은 식판에는 그녀가 싫어하는 반찬이 담겨 있었다. 부모님의 당부대로 해리가 골고루 먹을 수 있도록, 나는 그 반찬을 해리의 숟가락에 올려 주었다. 하지만 해리는 고개를 저으며 식판 한쪽으로 내려놓았다. 나는 그때 해리 부모님이 나에게 당부한 말씀이 생각났다.

"선생님, 우리 해리가 반찬을 골고루 먹게 해 주세요"

나는 다시 숟가락을 들어 시도했고, 해리는 양팔을 이리저리 흔들며 강하게 거부했다. 그런데도 나는 끝까지 그 반찬을 억지로 해리에게 먹이려 했던 적이 있다.

지금 생각해 보면, 그때의 행동은 '음식 고문'이라 불러도 과하지 않을 거 같다. 싫다고 고개를 돌리는 해리에게 억지로 먹으라고 했던 순간, 해리는 얼마나 힘들고 괴로웠을까! 그때 나는 해리의 마음을 헤아리기보다는 부모님의 부탁을 지켜야 한다는 생각에, 당연히 해야 할 일이라 여기며 행동했음을 이제야 깨닫는다. 뒤늦게 밀려오는 미안함이 가슴 깊이 남아, 지금도 가끔 떠오른다. 정말 그러지 말았어야 했는데….

"해리야, 정말 미안해."

20여 년이 지난 어느 해, 나는 6학년 담임을 맡았다. 창의적 체험활동 시간에 '올바른 식사 습관'이란 주제로 수업을 진행하던 중, 편식 습관을 아이들 스스로 바꿔 나갈 방법을 고민했다. 먼저 아이들에게 좋아하는 음식과 싫어하는 음식이 무엇인지 물어보았다.

"은숙아, 좋아하는 음식은 뭐니?"

"김밥, 회, 전, 된장찌개, 군만두, 수박, 약과, 식혜, 초밥, 불고기예요."

"그러면, 싫어하는 음식은 뭐니?"

"족발, 내장탕, 피망, 바나나, 해파리무침이에요."

"그렇구나! 선생님도 내장탕, 피망, 바나나 싫어해. 은숙이랑 싫어하는 음식이 비슷하네!"

은숙이는 바나나랑 피망을 싫어한다는 내 말이 의외라는 듯 물끄러미 쳐다보았다.

"만약 점심시간에 네가 싫어하는 반찬이 나오면 먹어 볼 마음이 있는 음식은 뭐야?"

"피망과 바나나예요."

"좋아, 선생님도 싫어하는 반찬 나와도 한번 먹어 볼게."

이틀날, 점심시간이 되어 급식소로 갔다. 마침 은숙이가 싫어하는 바나나가 배식으로 나왔다. 바나나를 본 은숙이는 나를 힐끔 바라보며 말했다.

"바나나 하나 먹을게요."

전날 교실에서 나눈 약속을 기억하고, 바나나 하나를 식판에 올리는 은숙이를 보니 기특했다.

"선생님도 바나나 먹을게."

그때 앞서가던 용기가 국을 받으며 물었다.

"선생님, 이거 무슨 국이에요?"

"냉잇국이야."

"제가 보기에 시래깃국 같아 보여요. 그래서 싫어하는 국이지만 한 번 먹어 보려고 했어요."

"그랬구나! 냉잇국 한 번 먹어 봐."

"아니요."

용기도 시래깃국을 싫어하지만, 수업 시간에 약속한 것을 기억하고 한 번 먹어 보려 했던 것이었다. 그 마음이 참 대견하게 느껴졌다.

세월이 흐르면서 편식 지도에 대한 학부모들의 생각도 조금씩 달라졌다. 자녀가 싫어하는 음식을 억지로 먹이기보다, 아이의 기호를 존중해 주려는 부모가 훨씬 많아졌다. 그 변화는 나의 식사법 지도 방식에도 큰 영향을 주었다.

몇 년 전, 2학년 담임을 맡았을 때의 일이다. 나윤이는 점심시간을 손꼽아 기다리는 아이였다. 나윤이는 점심시간에 늘 3학년 언니·오빠들보다 먼저 급식소에 가고 싶어 했다. 어느 날 그들이 급식소에 먼저 갔다는 사실을 알고는 수업을 늦게 마친 나에게 입을 삐죽 내밀면서 말했다.

"선생님, 언니·오빠들이 우리보다 먼저 밥 먹으러 갔어요. 선생님이 공부를 빨리 마쳤어야지요."

우리는 서둘러 급식소로 갔다. 검은 콩밥이 나왔다. 나윤이는 주걱으로 콩을 피해서 겨우 밥을 퍼 담아왔지만, 밥알 사이에 콩이 몇 개 섞여 있었다. 콩밥을 멍하니 쳐다볼 뿐, 밥 먹을 생각을 하지 않고 있었다.

그 모습을 보니까 콩을 먹지 않고 지냈던 나의 어릴 적 기억이 떠올랐다. 나윤이의 마음을 조금은 이해할 수 있었다.

"콩 먹기 싫어?"

"네, 싫어요."

"그럼, 오늘은 선생님이 콩을 다 빼줄게. 대신 다음에는 콩 한두 알이라도 한번 먹어 봐."

"알겠어요."

콩을 골라내자, 그제야 나윤이는 밥을 먹기 시작했다.

아이들과 함께한 수많은 식사를 통해 아이가 싫어하는 반찬이라도 '스스로 한 입 먹어 볼 용기'를 낼 때까지 기다려 주는 것이야말로 바람직한 식사 예절 지도법이 아닌가 싶다.

제주 수학여행

　　수학여행은 교실 밖의 교과서라고 불릴 만큼, 아이들에게는 특별한 배움의 시간이라고 할 수 있다. 교실 안에서 가르치기 어려운 다양한 경험이 수학여행이라는 상황 속에서 자연스럽게 이루어지기 때문이다. 교사의 시선 아래에서 움직이는 한정된 교실과 달리, 여행지에서는 아이들이 스스로 생각하고 선택하며 한 뼘 더 성장하게 된다. 수학여행은 아이들에게 단순한 외부 활동이 아니라, 가장 좋아하고 손꼽아 기다리는 아주 특별한 시간이다.

　　2016년, 우리 학교는 처음으로 초등학생 모두 제주도로 수학여행을 떠났다. 그해 2학년 담임을 맡았다. 반 아이 중에 청각장애는 아니었지만, 언어장애로 학교에 입학한 명기라는 아이가 있었다. 비행기 탑승이 처음이었던 명기는 두려운 마음에 공항 대기실에서부터 울기 시작했다.

"무서워. 무서워!"

비행기에 무사히 탑승하기를 바라는 마음으로 명기를 진정시키려고 애를 썼다.

"명기야, 비행기 타고 제주도에 가서 재미있는 거 보자."

"무서워, 무서워!"

비행기 탑승이 두려워 계속 우는 명기를 다독이면서 가장 마지막에 비행기에 태웠다. 비행기 안에서도 잠깐 울기도 했지만, 다행히 시간이 지나면서 울음소리는 점점 잦아들었다. 한편, 내 옆자리에 앉은 또 다른 아이는 창밖에 펼쳐진 솜사탕 같은 구름을 바라보며 두 눈을 크게 뜨고 한참 동안 입을 다물지 못했다. 처음 비행기를 탄 아이들의 눈빛 속 설렘과 신기함이 나에게도 고스란히 전해졌다.

다행히 명기는 학교로 돌아오는 비행기 안에서는 울지 않았다. 아마도 청주공항에서 제주도로 출발할 때 비행기를 타본 경험 덕분에 두려움이 사라진 것 같았다.

2023년 봄, 다시 한번 전교생이 제주도로 수학여행을 떠났다. 그해는 1학년 담임을 맡았고, 다민이라는 아이가 있었다. 다민이는 부모님이 멀리 계셔서 재활원에서 생활했으며, 의사소통 수단은 오직 수

어였다. 다민이의 첫 수학여행을 위해 재활원 선생님은 속옷과 겉옷을 날짜별로 구분해서 비닐봉지에 담고 예쁜 분홍색 캐리어에 넣어 보내 주셨다. 덕분에 다민이는 나흘 동안 스스로 옷을 골라 입으며 즐겁게 지냈다.

숙소에서 마지막 밤을 보내고 맞이한 아침, 다민이가 샤워를 마치고 옷을 갈아입으려 할 때 생긴 일이었다. 나는 다민이의 캐리어에서 비닐봉지 하나를 꺼냈고, 그 속에 있는 러닝셔츠를 꺼내어 다민이가 바로 입을 수 있게 바닥에 예쁘게 놓고 말했다.

"이거 입어."

다민이는 러닝셔츠를 보더니, 고개를 가로저었다.

"안 입으면 배 아파."

다민이의 표정이 점점 굳어졌다.

"입기 싫어?"

표정은 여전히 굳은 채 고개를 끄덕였다.

"왜 입기 싫어?"

"더러워요."

나는 다민이가 왜 러닝셔츠를 입으려 하지 않았는지 금세 이해할 수 있었다. 다민이는 비닐봉지 안에 들어 있는 옷만 깨끗하다고 생각했고, 비닐봉지 밖에 나온 옷은 더럽다고 생각하고 있었던 모양이었다. 아침마다 비닐봉지 속에서 깨끗한 옷을 꺼내어 입곤 했는데, 갑자기 자기 옷이 비닐봉지 속에 있지 않고 밖에 나와 있는 것을 보고 놀라고 불쾌했던 듯했다. 나는 도와주고 싶은 마음에 다민이의 런닝셔츠를 비닐봉지에서 꺼냈지만, 결과적으로는 다민이의 마음을 불편하게 하고 말았다. 그래서 다민이에게 이렇게 말했다.

"다민아, 이건 깨끗한 옷이야. 비닐봉지 안에서 꺼냈어. 러닝셔츠가 하나밖에 없어서 선생님이 너 도와주려고 꺼냈어."

내 말을 이해한 다민이는 그제야 그 옷이 자신이 벗어놓은 것이 아니라는 걸 알게 되었고, 러닝셔츠를 입으려 했다. 그때 나는 다시 말했다.

"선생님이 네 허락 없이 꺼내서 미안해."

다민이는 씽긋 웃으며 답했다.

"괜찮아요."

예전의 나였다면, 다민이가 왜 옷을 입기 싫어하는지 묻지도 않고 이렇게 말했을지도 모른다.

"이거 깨끗한 옷이야. 입어도 돼."

만약 내가 그렇게 말했더라면, 다민이는 나를 자신에게 억지로 더러운 옷을 입히려 했던 나쁜 선생님으로 기억하고 마음에 상처받았을지도 모를 일이다. 생각만 해도 아찔하다.

다민이의 캐리어 속 비닐봉지에는 단순한 옷이 들어 있던 것이 아니었다. 그 안에는 규칙을 지키고 싶었던 마음과 다민이의 자존감이 고스란히 담겨 있었다. 그 사실을 바로 알아차릴 수 있었던 것이 참 다행이었고, 무엇보다 마음을 열고 솔직하게 말해 준 다민이가 고마웠다.

사과 속에 담긴 마음

교실 안에서 아이 한 명, 한 명의 마음에 다가가려는 작은 시도가 겉으로는 사소해 보일지라도, 아이의 세상에서는 큰 변화를 불러오기도 한다. 교과 전담 교사로 근무하던 어느 해, 고학년 사회를 맡고 있을 때, 현구를 통해서 나는 그런 소중한 변화를 경험할 수 있었다.

청주파견 학급에서 공부하다가 본교로 온 현구는 재활원에서 생활하며 사회 수업 시간에 수어로 나에게 말했다. 나는 현구의 말을 이해할 수 없어 답답했고, 현구 역시 내가 자신의 수어를 빨리 이해하지 못하는 것에 답답해했다. 나는 현구에게 미안한 마음이 들었다.

"현구야, 네가 하는 말을 잘 모르겠어. 미안해. 네가 하고 싶은 말을 여기 써 봐."

종이와 연필을 건네자, 현구는 자기 생각을 차근차근 써 내려갔다. 그제야 무엇을 말하려는지 이해할 수 있었다. 그렇게 현구와 나는 글을 매개로 대화를 이어가며, 천천히 마음의 거리를 좁혀갔다.

어느 날, 교과실에 수업하러 온 현구는 친구가 자기를 무시하고 혼내서 무섭다고 했다. 그 말이 사실인지 확인하기 위해 중식이를 불렀다.

"중식아, 혹시 현구를 무시하거나 혼낸 적 있었니?"

잠시 망설이던 중식이가 고개를 끄덕이며 말했습니다.

"예. 있어요."

"이유가 있었어?"

"그냥… 싫어서요. 무시하기도 하고, 혼내기도 했어요."

중식이의 솔직한 대답에 마음이 아팠다. 다행히 중식이는 자기의 행동이 잘못이었음을 깨닫고 현구에게 진심으로 사과했다. 두 아이는 앞으로 잘 지내기로 약속했다. 그 약속이 잘 지켜지기를 바라며 두 아이의 관계를 유심히 지켜보았다.

그 무렵, 학교의 성심관에서는 심리 운동 강사가 진행하는 '자존감 향상프로그램'이 열리고 있었다. 초등학생 모두가 참여했고, 교사들은 돌아가며 수어 통역을 맡았다. 어느 날, 커다란 공을 한 아이가 여기저기로 굴렸고, 다른 아이들이 그 공을 피하면서 성심관 안에는 아이들의 웃음소리로 가득했다. 그런데 한쪽 구석에서 현구는 가만히 서서 아이들의 모습을 지켜보고만 있었다. 그 순간, 중식이가 다가가 현구의 등을 '툭' 때렸다. 그 장면이 내 눈에 들어왔다. 중식이를 불러서 말했다.

"중식아, 네가 좀 전에 현구 등 때리는 거 선생님이 봤어. 그럴 만한 이유가 있었어?"

중식이는 이유를 설명하지 않았다. 무심코 한 행동인 것 같았다. 중식이는 즉시 현구에게 다가가 사과했다. 그 순간, 두 아이 사이의 팽팽했던 긴장이 서서히 풀리는 듯했다. 나는 안도의 한숨을 내쉬었다.

그로부터 몇 달이 지났다. 현구는 반 친구들과 함께 과수원에 사과 따기 체험학습을 하러 갔다. 체험학습을 마칠 시간이 지났음에도 현구가 교과실에 오지 않아 기다리던 찰나, 빨갛게 잘 익은 사과 한 개를 손에 들고 들어와 사과를 내밀며 말했다.

"선생님 드세요."

"고마워. 이건 네가 딴 거잖아. 너 먹어."

"제 거는 교실에 있어요. 선생님 맛있게 드세요."

그 말에 가슴이 훈훈해졌다. 아마도 자신의 이야기를 들어주었던 기억이 현구의 마음에 고마움으로 남아 있었던 것 같다. 담임도 아닌 내가 건넨 관심이, 현구에게는 좋은 기억으로 남아 있었던 것 같았다. 참 감사했다.

학년말이 가까워져 오던 어느 날, 현구가 수업이 끝나갈 무렵 나에게 다가와 수어로 이렇게 말했다.

"선생님, 내년에 6학년 담임하세요. 6학년 때 선생님과 만나고 싶어요."

현구의 그 말 한마디가 내 마음을 움직였다. 마침 다음 해 어느 학년을 맡을지 고민하던 참이었는데, 현구의 바람이 내 선택을 도와주었다. 결국 나는 6학년을 지망했고, 다음 해 현구의 담임이 되어 다시 만나게 되었다.

여전히 중식이와 같은 반인 현구를 유심히 살펴보았다. 서로 아주 친하게 지내는 것 같지는 않았지만, 이전처럼 서로를 미워하거나 싫어하는 모습은 보이지 않았다. 다행이라 생각했다.

어느 날 수업 중, 현구가 친구들과 나란히 앉아 있던 자리에서 책상을 앞으로 밀고 고개를 숙이고 있는 것을 발견했다. 나는 현구의 시력이 좋지 않음을 직감했다. 보건실로 가서 간이 시력검사를 했다. 결과는 예상대로 좋지 않았다. 그 주간 학교에서 시행한 신체검사에서도 비슷한 결과가 나왔다. 어머니께 연락하여 안과 진료를 부탁드렸다.

월요일 아침, 현구가 안경을 쓰고 교실로 들어왔다. 낯설어하며 쑥스러워하는 현구에게 나는 말을 건넸다.

"와! 현구, 멋있다!"

그 이후 현구는 안경을 쓰고도 불편함 없이 생활했다.

졸업 후 중학생이 된 현구를 우연히 만났다.

"현구야, 렌즈 했니?"

"아니요."

"그런데 왜 안경 안 써?"

"끼기 싫어요."

현구는 더 이상 말하고 싶지 않은 눈치였다. 나중에 안경을 쓰지 않는 모습이 더 멋있다고 생각해 일부러 안 쓰고 다닌다는 것을 알게 되었고, 걱정과 염려가 동시에 밀려왔다. 학년이 바뀌고 시간이 흐른 뒤, 현구는 새로운 학교로 전학을 갔다. 나는 현구가 사춘기를 잘 이겨내고, 이전보다 성숙하고 멋진 모습으로 성장하길 바라며 마음속으로 진심 어린 응원을 보낸다.

기다림과 양보

오랜만에 1학년 담임을 맡게 되었다. 새로운 교실과 낯선 얼굴들, 그리고 아직 세상보다 교실이 더 커 보일 아이와 첫 시간을 맞이했다. 반에는 선이 한 명뿐이라 괜스레 안쓰러운 마음이 들었다. 1교시 수업을 마친 뒤 쉬는 시간에 우유를 마시도록 했다. 둘째 주 수요일이었다. 그날도 평소처럼 선이는 우유를 가지러 보건실로 갔다. 하지만 시간이 꽤 지났음에도 교실로 돌아오지 않았다. 무슨 일인가 싶어 불안한 마음에 보건실로 가 보려던 찰나, 보건실에서 전화가 걸려 왔다.

"선생님, 선이 담임이시죠? 선이가 자꾸 선생님 드린다면서 요플레를 가져가려 해요."

“그래요? 안 된다고 해 주세요.”

“안 된다고 했는데도 제 말을 듣지 않네요. 그냥 보낼 테니 선생님께서 잘 타일러서 하나는 다시 보내 주세요.”

“예, 알겠습니다.”

수화기를 내려놓는 순간, 선이가 작은 바구니에 요플레 두 개를 담아 교실로 들어왔다. 나를 바라보며 씽긋 웃더니 요플레를 내밀었다. 아무 말도 하지 않았지만, 나는 선이가 무엇을 말하고 싶었는지 금방 알 수 있었다. 나를 챙기려는 선이의 마음이 기특하고 사랑스러워 먼저 칭찬해 주었다.

“선이가 선생님 주려고 가져왔어?”

선이는 고개를 끄덕였다. 나는 부드럽게 다시 말했다.

“정말 고마워. 그런데 이건 학생들만 먹을 수 있는 거야. 선생님은 먹으면 안 돼. 하나는 보건 선생님께 드려.”

선이는 요플레 하나를 손에 들고 조용히 교실 문을 나섰다.

선이가 배우는 과목 중에서 ‘즐거운 생활’은 2학년과 함께 수업을 진행하는 시간이 있었다. 늘 반에서 혼자 공부하는 선이는 ‘즐거운 생활’ 수업 시간을 손꼽아 기다리곤 했었다. 어느 날, ‘왕관 만들기’를 하려고 매직과 여러 종류의 왕관을 준비했다. 여러 왕관 중에서 세로로 된 긴 모양의 왕관을 선이에게 먼저 주었다. 선이는 왕관을 보고 만족스러운 표정을 지었다. 2학년 보미에게는 다른 모양의 왕관을 주었다. 그런데 그 순간, 예상치 못한 일이 일어났다. 보미는 고개를 저으며 말했다.

“선생님, 저 이거 하기 싫어요.”

“그래? 그럼 어떤 왕관 갖고 싶어?”

나는 가지고 있던 다른 모양의 여러 왕관을 보미에게 보여주었다. 그중에서 하나를 고를 줄 알았다. 그런데 보미는 보여준 왕관에는 관심을 보이지 않았다.

“선생님, 저도 선이와 똑같은 거 주세요.”

보미의 말에 잠시 당황했지만, 마음을 가라앉히고 부드럽게 말했다.

“보미도 이 왕관을 갖고 싶어? 그런데 이 왕관은 하나밖에 없어. 어떡하지?”

나는 두 아이의 표정을 살피며 조심스레 기다렸다. 같은 왕관을 두 개씩 준비하지 못한 나의 짧은 생각이 아이들의 입장을 곤란하게 만들게 된 셈이었다. 미안한 마음이 들었다. 두 아이 모두 마음에 상처받지 않도록 해결하고 싶은 마음이 간절했다. 교실 안에는 어느새 팽팽한 긴장감이 맴돌았다. 그때 놀라운 일이 일어났다. 동생인 선이가 먼저 미소 지으며 손에 들고 있던 왕관을 보미 언니에게 내밀었다. 마치 아무것도 아니라는 듯 자연스럽게 건네는 그 모습에 순간 가슴이 뭉클해졌다. 선이의 작은 손에서 건네진 왕관은 보미를 향한 배려와 양보가 담긴 아름다운 마음의 선물이었다.

“선이가 양보하는구나! 고마워. 그럼 넌 어떤 왕관 갖고 싶어?”

내 말에 선이는 보미에게 권했던 그 왕관을 갖고 싶다고 했다. 그제야 보미는 환하게 웃으며 말했다.

“선이야, 고마워.”

잠시 얼어 있던 교실 분위기는 선이의 진심 어린 양보 덕분에 한순간에 녹아내렸다. 당황스러웠던 그 순간을 무사히 넘길 수 있게 마음 써준 선이에게 다정스럽게 말했다.

"선이가 언니에게 양보해 줘서 정말 고마워! "

선이는 해맑게 웃었다. 왕관을 받은 보미는 네임펜과 색색의 매직으로 열심히 왕관을 꾸미기 시작했다. 그 모습을 바라보던 선이는 보미가 색칠한 왕관이 예뻐 보였는지 수어로 보미에게 말하고 있었다.

"나도 언니랑 똑같이 꾸미고 싶어"

보미가 선이의 말을 이해하고 나에게 말했다.

"선생님, 선이가 제 왕관처럼 똑같이 해 달래요."

"그래? 네가 예쁘게 해 줄래?"

"네!"

보미는 여러 색의 네임펜을 선이에게 보여주며 웃으며 말했다.

"네가 원하는 색을 골라봐, 내가 똑같이 그려 줄게."

선이는 여러 색깔 중에서 보라색 네임펜을 집어 들었다. 사실 보미는 평소 선이가 자신을 따라 하는 것을 좋아하지 않았다. 그런데 그날만큼은 달랐다. 보미는 기쁜 마음으로 자기 왕관에 장식했던 보석과 똑같이 선이의 왕관을 꾸며 주었다. 완성된 왕관을 바라보던 선이는 환한 미소를 지으며 언니의 어깨를 살짝 다독여 주었다. 그 모습이 어찌나 사랑스러운지, 보고 있는 내 마음이 분홍빛 행복으로 물들었다. 보미도 선이의 어깨를 살며시 토닥여 주는 순간, 두 아이 사이에는 따스한 봄의 햇살 같은 포근한 정이 흘렀고, 그 모습을 바라보는 내 입가에도 잔잔한 미소가 번졌다.

때때로 예상하지 못한 갈등 상황이 생겼을 때, 아이들이 스스로 선택하며 마음을 표현할 수 있도록 지켜보는 기다림의 지혜가 필요함을 온전히 느낀 하루였다.

배움보다 안전

학교는 아이들이 하루 중 가장 많은 시간을 보내는 곳이다. 그렇기에 학교는 아이들이 마음껏 꿈을 키우고, 안심하며 머물 수 있는 안전한 공간이어야 한다. 작은 부주의 하나가 큰 사고로 이어질 수 있기에, 안전사고 예방은 학생의 생명을 지키는 기본이자 교사로서 가장 중요하게 여겨야 할 책임이다. 하지만 교사로 지내다 보면, 그렇게 지키고 싶었던 평온함이 한순간에 무너지는 순간을 맞이하기도 한다. 예상치 못한 사고 앞에서 겁에 질린 아이의 눈빛을 마주한 날, '안전'은 아이들의 삶을 지켜야 하는 교사의 가장 중요한 책무임을 온몸으로 느꼈다. 교사로 재직하며 놀란 가슴을 쓸어내렸던 그 순간들을 떠올려 본다.

　첫 번째 사고는 30여 년 전, 하마터면 큰 사고로 이어질 뻔했던 일이 있었다. 유치부부터 고등부까지 전교생이 운동장에 모여 조회하던 날이었다. 교장 수녀님의 훈화 말씀이 끝난 뒤, 주번 선생님의 부탁을 받고 아이들을 일정한 간격으로 앉혔다. 유치부 담임이었던 나는 반에서 가장 나이가 어린 민식이 뒤에 쪼그려 앉아 있었다. 그런데 갑자기 앞에 앉아 있던 민식이가 머리를 뒤로 젖히며 벌떡 일어나는 바람에, 민식이 머리와 내 코가 세게 부딪쳤다. '퍽' 하는 둔탁한 소리가 운동장에 울려 퍼졌다. 주변의 시선이 일제히 나에게 쏠렸다. 순간 눈앞이 번쩍하고 캄캄해지더니 코뼈가 부러진 듯한 심한 통증이 몰려왔다. 옆에 있던 선생님이 놀라며 물었다.

　"선생님, 괜찮아요?"

　사실 통증이 심해 괜찮지 않았지만, 동료 교사들에게 걱정을 끼치고 싶지 않아 억지로 웃으며 말했다.

　"괜찮습니다. 감사합니다."

　앞에서 갑자기 일어났던 민식이는 놀란 눈으로 나를 쳐다보았다. 병원에 가서 진료를 받아보니 다행히 큰 부상은 아니었다. 그러나 통증은 꽤 오래 계속되었다. 그 일을 겪으며 어린아이의 예측할 수 없는 행동이 얼마나 위험할 수 있는지, 무엇보다 먼저 안전을 생각해야 한다는 교훈을 깊이 깨닫게 하는 사건이었다.

두 번째 기억은 2008년, 4학년 담임을 할 때였다. 청주파견 학급에서 유치부를 졸업하고 초등학교 과정 3학년까지 마친 아이들이 충주 본교로 통학하며 새로 적응하던 시기였다. 낯선 환경에 아이들이 잘 적응할 수 있도록 더 세심히 보살피며 지내던 어느 날, 수업 전 잠시 교실을 비운 사이에 일이 일어났다. 교실에서 갑자기 익숙한 울음소리가 들렸다. 급히 달려가 보니, 하람이가 머리에 피를 흘리며 울고 있었다. 교실에서 친구와 부딪혀 넘어지면서 책상 모서리에 머리를 찧은 것이었다. 피를 본 순간, 다리가 후들후들 떨렸고 숨이 막히는 듯했다. 급히 하람이를 데리고 병원으로 향했다. 병원으로 가는 길, 하람이 어머니께 전화를 걸었고, 내 목소리는 떨리고 있었다. '혹시 나를 원망하시면 어쩌지…' 걱정이 몰려왔다. 그런데 어머니는 상황을 침착하게 받아들이며 오히려 나를 걱정해 주셨다. 그제야 잔뜩 긴장했던 내 마음이 조금씩 풀렸다. 병원 진료 결과, 다행히 큰 부상은 아니어서 마음속으로 천만다행이라 여겼다. 그날은 하루가 일 년처럼 길게 느껴졌고, '사고는 정말 한순간'이라는 사실이 새롭게 와 닿았다. 그 뒤로 아이들의 안전에 더욱 세심한 주의를 기울이게 되었다. 그날 이후, 나는 쉬는 시간이든 점심시간이든 가리지 않고 아이들 곁에 머물며, 조금이라도 더 가까이에서 아이들을 보살피기 위해 노력했다.

그날 이후 두 번 다시 안전사고가 없을 줄 알았지만, 기간제 교사로 다시 학교에 돌아왔을 때, 안타깝게도 또 한 번의 사고가 일어났다. 체육 시간에 '탄소 중립 실천 활동'의 하나로 자전거 타기를 계획했다.

아이들이 안전하게 자전거를 탈 수 있게 하려고 먼저 운동장에서 자전거를 타고 내릴 때의 자세와 멈추는 법, 줄을 맞추어 이동하는 법을 익혔다. 그 후 오르막·내리막길에서의 기어 조작하는 방법을 익힌 뒤 내리막길을 빠른 속도로 내려가다가 규석이가 넘어져 심하게 다치는 일이 생겼다. 병원에서 규석이의 큰 상처를 본 순간, 내 가슴은 철렁 내려앉았고 가슴이 찢어질 듯 아팠다.

'부모님께 어떻게 말씀드려야 할까, 부모님은 어떻게 받아들이실까…' 온갖 생각이 머리를 스쳤다. 청주의 한 병원에 도착하자 부장선생님께서 먼저 부모님께 상황을 설명하셨다. 사고로 난 상처를 치료하기 위해 바늘로 몇 바늘 꿰매야 했다. 그런데 놀라운 것은, 규석이의 상처가 심각했음에도 부모님은 미안해하며 어쩔 줄 몰라 하는 우리를 오히려 다독이시며 "괜찮아요."라고 말씀하신 것이었다. 자녀가 다쳐 속상했을 텐데도 불구하고 오히려 위로해 주시는 마음이 참 고마웠다.

상처로 인해 며칠간 회복하던 규석이는 친구들과 다른 공간에서 자전거를 타기로 했다. 자전거 타는 것만으로도 무척 즐거워했다. 인라인스케이트장 돔 안에서 빙글빙글 원을 그리며 자전거를 한참 타고 나더니 재미가 없다고 말했다. 나는 규석이가 자전거 타는 즐거움을 느낄 수 있도록 남한강 강변에 조성된 자전거 전용 길로 데리고 갔다. 자전거를 타고 앞에서 천천히 이끌자, 규석이는 조심스럽게 내 뒤를 따라왔다. 시원한 바람이 얼굴을 스쳤고. 규석이는 처음 타보는 자전거 전용 길이 인라인스케이트장 돔 안에서 타는 것보다 훨씬 재미있다고 했다. 그러면서 수어로 자신의 바람을 덧붙였다.

"다음에는 친구들과 같은 곳에서 자전거를 타고 싶어요."

내리막길에 대한 두려움을 극복하고 친구들과 함께 자전거 전용도로에서 자전거를 탈 수 있기를 바라는 마음으로, 학교에서 체육 선생님이 일대일로 지도해 주셨다. 규석이가 공포심을 이겨낼 수 있도록 선생님께서 체계적으로 가르쳐 주신 덕분에, 사고로 인해 내리막길을 두려워하며 움츠러들었던 규석이는 마침내 그 두려움을 극복하고 자유롭게 달릴 수 있게 되었다. 기어를 능숙하게 조작하며 자전거를 타던 규석이가 활짝 웃으며 말했다.

"자전거 타는 게 정말 재미있어요!"

뜻하지 않은 사고로 인해 위기의 순간이 있었지만, 두려움을 이겨내고 몸과 마음 모두 한 뼘 더 성장한 규석이를 보며, 말로 다 표현할 수 없는 감동과 뿌듯함을 느꼈다.

교사의 하루는 언제나 아이들과 함께하기 때문에, 가장 먼저 지켜야 할 것은 바로 '안전'이다. 아이들의 안전이 확보되어야 비로소 배움의 꿈이 자라고, 그 위에서 배움과 성장의 열매가 맺힐 수 있기 때문이다.

Part 3

아이들과 마주한 배움

나는 가르치고
아이들은 배운다고 생각했지만

실은
아이들이
나를 가르치고 있었다.

생활의 달인 선발 한마당

학년말이 되면 다음 학년 아이들에게 유익한 교육 활동을 계획하는 회의를 한다. 그 자리에서 한 선생님이 아이들의 일상생활에서 필요한 다양한 기능들을 하나의 행사로 기획하여 지도해 보면 좋겠다는 의견을 내주셨다. 덕분에 우리는 이전에 한 번도 시도해 보지 않았던 새로운 행사를 기획하게 되었다. 그 행사 이름을 '생활의 달인 선발 한마당'이라 정했다.

이 행사는 아이들이 일상생활에서 꼭 필요한 기능들을 배우고, 그것을 실제 생활 속에서 자연스럽게 활용할 수 있도록 돕는 데 목적을 두었다. 아이들은 그룹별로 각 활동을 준비하여 우선 각 반에서 충분히 연습 과정을 거친 후 행사를 치르기로 했다.

저학년은 '컵에 물 따라 옮기기', '수건 개기', '가위로 종이 오리기', '실선 따라 종이접기'와 같이 간단하지만, 꼭 필요한 생활 기능을 중심으로 활동을 기획했고, 고학년은 '사과 깎기', '끈 묶기', '포장하기' 등 조금 더 복잡한 활동에 도전하도록 구성했다.

여러 생활 기능 중 젓가락질은 어릴 때부터 필요한 기능이어서, 초등학생 모두에게 젓가락을 사용한 '콩 옮기기' 활동을 진행하기로 했다. 처음에는 컵에 담긴 콩을 젓가락으로 다른 그릇에 옮기게 했다. 젓가락을 사용하는 것이 어느 정도 익숙해진 후에는 넓은 접시에 있는 콩을 젓가락으로 집어 다른 그릇에 옮기며 손가락의 힘과 집중력을 기르게 했다. 며칠 지나지 않아, 아이들의 젓가락질이 한층 더 능숙해진 모습을 확인할 수 있었다.

아이들이 젓가락질을 제법 잘하게 된 모습을 보며 자연스레 내 아들들이 떠올랐다. 어린이집에 다닐 때 집에서 젓가락질을 가르쳐주었던 기억이 났다. 얼마 전 작은아들이 밥을 먹다가 말했다.

"엄마, 제가 어린이집 다닐 때 젓가락질을 잘한다고 칭찬 많이 들었어요."

"그랬지, 엄마가 알려준 대로 곧잘 따라 했었지."

"요즘 회식 자리에 참석하면 어른인데도 젓가락질이 서툰 사람을 볼 수 있어요. 저는 어릴 때 엄마 덕분에 젓가락질을 잘 배워서 참 다행이에요."

그 말을 들으며, 젓가락질이라는 단순한 생활 기능 속에도 삶의 습관과 태도가 고스란히 녹아 있음을 느낄 수 있었다.

당시 나는 6학년 담임이었기에 아이들에게 ‘사과 깎기’를 지도해야 했다. 과도를 사용해야 했기 때문에 긴장이 되었다. 손이 베이거나 다치지 않을까 마음을 졸이며 아이들의 손놀림을 지켜보았다.

“순이야, 사과 깎는 거 어려워?”

“아니요, 재미있어요.”

“민숙이는 어때? 재미있어?”

“조금 어려운데 재미있어요.”

연습 과정을 거쳐 드디어 ‘생활의 달인 선발 한마당’ 대회를 열었다. 걱정과는 달리, 아이들 중 손을 다친 아이는 한 명도 없었다. 어떤 아이는 사과 껍질을 얇고 길게 깎아 정교함을 보여주었고, 또 어떤 아이는 두껍지만 정성스럽게 깎으며 최선을 다했다. 고학년 아이들이 과도를 들고 사과 껍질을 깎는 모습을 지켜보며, 마음 한편이 뿌듯함과 기특함으로 가득 찼다.

그 모습을 바라보다 문득 큰아들이 떠올랐다. 칼로 과일을 자르는 것은 능숙하지만, 정작 과일 껍질을 깎는 일에는 서툴다. 청소년 시기에 과도로 과일을 깎는 방법을 배우지 못했기 때문이다. 행사 이후, 이번 기회에 아들에게 과일 껍질 깎는 방법을 가르쳐야겠다는 생각이 들었다. 주말이 되어 큰아들에게 말을 건넸다.

“사과 껍질 깎는 거, 엄마가 가르쳐 줄 테니 한번 배워볼래?”

"예전에 몇 번 시도해 봤는데 잘 안되더라고요. 어릴 때 배웠어야 했는데 놓쳤어요."

아들은 씽긋 웃으며 말했다.

지금도 과일 껍질을 깎지 못해 조금 불편해하는 아들의 모습을 보며, 어릴 때 제대로 가르쳐 주지 못한 것이 못내 아쉽고, 미안한 마음이 든다.

아이들이 '포장하기' 활동에 도전하는 모습은 특히 인상 깊었다. 포장할 물건의 크기에 맞춰 종이를 재단하고, 모서리를 가지런히 접어 테이프로 붙이는 일은 생각보다 훨씬 섬세한 기술이 필요했다. 처음에는 종이를 너무 크게 자르거나 작게 잘라 낭비가 많았다. 하지만 연습을 거듭하면서 아이들은 포장할 상자의 크기를 자연스럽게 가늠하며 알맞은 크기로 종이를 준비하는 감을 익혀갔다. 시간이 지날수록 아이들의 손놀림은 한층 더 익숙해졌다. 포장의 완성도도 눈에 띄게 좋아졌다. 아이들은 점점 자신감을 얻어 포장을 깔끔하게 했다.

아이들이 특히 어려워했던 또 다른 활동은 바로 '교과서 끈으로 묶기'였다. 학년말이 되면 사용하던 교과서를 정리해 창고에 넣어야 했지만, 그동안 아이들은 그 일을 할 수 없었다. 그래서 매년 그 일을 내가 대신 처리하곤 했다. 그런데 이번에는 달랐다. '생활의 달인 선발 한마당' 행사 이후, 아이들이 배운 대로 스스로 교과서를 끈으로 묶어 정리를 했다. 예전 같으면 상상조차 할 수 없었던 모습을 눈앞에서 보

니, 그동안의 배움이 생활 속에서 자리 잡고 있음을 알 수 있었다. 책
묶기에 열중하는 아이들의 뒷모습을 바라보며 가슴이 벅차올랐다.

　며칠 전, 급식소에서 동료 선생님과 함께 식사하던 중, 옆에 앉아 있
던 아이들의 젓가락질 모습을 유심히 바라보시던 그 선생님이 웃으며
말씀하셨다.
　"애들도 젓가락질 좀 배워야겠어요."
　"맞아요. 예전에 했던 '생활의 달인 선발 한마당' 기억나시죠? 내년
에 다시 열면 좋겠어요. 젓가락질, 신발 끈 묶기, 사과 깎기 같은 기본
생활 기능을 아이들이 충분히 익힐 수 있도록 하면 참 좋겠어요."

　'생활의 달인 선발 한마당'은 아이들이 생활 속 꼭 필요한 기능을
익히며 자신감을 키우고 작은 성취의 기쁨을 통해 한 뼘 더 성장하는
모습을 볼 수 있었던 뜻깊은 시간이었다.

함께함의 가치

대학 시절 클리닉에서 청각장애 아이들과 리듬합주를 하며 느꼈던 설렘과 감동은 지금도 생생하게 기억에 남아 있다. 음악은 아이들과 소통하는 또 하나의 언어이자, 서로의 마음을 이어주는 통로였다. 그때 처음으로 음악 교육의 진정한 힘을 느꼈고, 자연스럽게 내 마음속에 음악으로 청각장애 아이들과 소통하고 싶다는 소망이 생겼다. 그 경험은 교단에 선 이후에도 음악과 관련된 수업으로 자연스럽게 이어졌다.

교직 생활을 이어가던 중, 우연한 기회에 난타를 접하면서 난타에 흥미를 갖게 되었다. 방학 동안 동료 교사들과 함께 청주를 오가며 난

타 연수를 받았다. 스틱을 쥐고 장단을 맞추는 순간마다 가슴이 두근
거렸다. 배울수록 그 매력에 빠져들었고, 이 즐거움을 청각장애 아이
들과 함께 나눌 수 있다면 참 좋겠다는 생각이 들었다. 그래서 나는
난타를 더 깊이 공부하고 싶었고, 결국 서울에서 난타 연수를 받고 난
타 지도자 자격증을 취득했다.

이후 방과 후 수업으로 '난타 반'을 개설했다. 아이들은 기본 장단
을 익히고, 자신이 좋아하는 노래에 맞춰 직접 장단을 만들어 발표하
기도 했다.

그러던 중 2019년, 학교에 문화 예술 강사가 와서 아이들에게 난타
를 가르치는 시간이 있었다. 나는 통역을 맡아 난타 수업에 함께했다.
처음에는 5~6학년 아이들이 음악에 맞춰 난타를 연주하는 것을 낯설
어했지만, 스틱을 쥐고 연습하며 곧 온몸으로 리듬감을 익혀갔다. 어
느 정도의 시간이 지난 뒤, 아이들은 서로 눈빛을 주고받으며 음악에
맞춰 연주할 정도로 실력도 점점 향상되었다.

때마침 충주에서 열리는 '전국 시 · 청각장애 학생 가창 및 무용대회'
에 난타 연주 참가 제안이 들어왔다. 강사님이 평소 스틱을 두드리는
속도가 유난히 느리고, 장단을 어려워하는 세욱이가 잘할 수 있을지
걱정이 된다며 내게 물어왔다.

"세욱이를 빼고 연습시킬까요? 아니면 모두 참가하게 할까요?"

그 순간 잠시 망설여졌다. 세욱이가 과연 잘해 낼 수 있을지 걱정이
되어 잠시 마음속에 갈등이 생기기도 했다. 하지만 곧 마음이 바뀌었

다. 대회에서 상을 받는 것보다, 아이들 모두가 함께 무대에 서서 경험을 쌓는 것이 훨씬 더 중요하다는 것을 알고 있었기 때문이다. 강사님께 말씀드렸다.

"모든 아이가 참가하는 게 좋겠어요."

대회에 자신도 참가한다는 사실을 알게 된 세욱이는 그날부터 평소와 다른 모습을 보였다. 난타 수업에 임하는 수업 태도가 달라지기 시작했다.

어느 날 아침, 세욱이의 모습은 모두를 놀라게 했다. 독서 시간에 교실에는 책장 넘기는 소리만 가득했다. 어디선가 아주 작은 소리로 책상을 '탁탁' 두드리는 소리가 들려왔다. 교실 문 가까이 앉아 있던 세욱이가 책상에서 손으로 조심스럽게 장단 연습하는 것이었다. 책 읽는 친구들을 방해하지 않으려고 아주 조심조심 장단을 연습하고 있었다. 나는 세욱이를 교탁 앞으로 불러 아이들에게 말했다.

"얘들아, 세욱이가 지금 혼자 조용히 난타 장단 연습하고 있었어. 우리 같이 들어볼까?"

아이들은 환호성과 함께 손뼉을 쳤고, 세욱이는 교탁 앞으로 나와 친구들의 응원에 힘입어 자신 있게 장단을 쳤다.

"덩 덩 더덩 더덩 더더더더 덩…"

세욱이가 손으로 장단을 친 것은 놀랍게도 거의 완벽했다.

"우와! 장단을 다 외웠네. 잘했어!"

그날 자신감 넘치는 세욱이의 표정에서는 빛이 났다.

'처음에 잘못된 판단으로 세욱이를 빼고 연습했더라면, 이 아이의

자신감 넘치는 모습을 볼 수 없었겠구나!'

다 함께 대회에 참가하기로 정한 것이 참 다행이라 생각했다.

드디어 총연습 날, 아이들은 무대의상을 입고 성심관 무대 위에 섰다. 북 앞에 선 세욱이의 모습은 이전과 다르게 당당해 보였고, 자신감에 차 있었다. 그의 눈빛엔 '저도 잘할 수 있어요.'라는 확신이 담겨 있었다. 강사님도 세욱이의 모습을 보고 놀라며 "세욱이가 많이 달라졌어요. 정말 대단해요!"라고 감탄했다.

대회 당일, 우리는 충주의 호암체육관으로 향했다. 아이들은 화려한 옷을 입고 무대에 올라 조명이 켜지기만을 기다렸다. 드디어 무대 조명이 켜지고, 아이들이 힘차게 스틱을 움직이며 음악에 맞춰 연주했다. 나는 객석에 앉아서 지휘하며 무대를 바라보았다. 세욱이는 무대 위에서 많은 사람의 시선을 의식하며 다소 흥분한 듯 보였다. 세욱이와 아이들은 객석에서 지휘하는 나를 바라보며, 그동안 갈고닦은 실력을 담아 최선을 다해 잘 마무리했다. 연주가 끝나자, 관객들은 큰 박수로 화답했다. 그리고 놀랍게도 우리 팀은 청각장애 부문에서 대상을 받았다. 아이들은 서로를 껴안고 환호성을 질렀고, 내 눈가엔 감동의 눈물이 맺혔다. 상금 200만 원과 함께, 그날 느꼈던 진한 감동은 두고두고 잊지 못할 아름다운 추억으로 내 마음속에 남아 있다. 함께할 때 아이는 비로소 자신감과 성장이라는 두 날개를 마음껏 펼칠 수 있다는 것을, 그날 세욱이가 보여주었다.

며칠 전, 어느새 훌쩍 자라 고3 졸업반이 되어 대학 진학을 앞둔 한 아이를 만났다. 그 아이는 초등학교 시절 난타 공연을 했던 기억을 아직도 잊지 못한다고 했다. 그날의 대회는 '함께하는 힘'이라는 가치가 아이들에게 얼마나 큰 영향을 미칠 수 있는지를 보여준 뜻깊은 경험이었다.

사춘기, 그 이해와 기다림

사춘기는 누구에게나 찾아오는 시기이지만, 겪는 동안에는 낯설고 감당하기 어려운 순간이 많다. 몸의 변화보다 더 큰 것은 마음의 변화이고, 그 중심에는 눈에 보이지 않는 '뇌의 성장'이 자리하고 있다. 이 시기의 아이들은 감정을 조절하기 어렵고, 이유 없이 화를 내기도 한다. 그런 모습을 지켜보는 부모와 교사 역시 혼란스러움과 함께 적잖은 어려움을 느낀다. 나는 많은 아이의 성장 과정을 지켜보며, 이 시기가 얼마나 예민하고 복잡한지 잘 알고 있다.

어느 날, 한 아이가 격한 감정을 표현한 때가 있었다. 그 아이는 운동을 좋아하는 규진이었다. 갑자기 교실에서 창밖을 바라보며 말했다.

“선생님, 창밖으로 뛰어내리고 싶어요.”

그 말을 들었을 때 적잖게 놀라고 당황스럽긴 했지만, 조금은 담담하게 받아들일 수 있었다. 두 아들의 혹독한 사춘기를 겪어본 경험 덕분이었다. 왜 그런 말을 하냐고 다그치지 않았다. 조용히 규진이를 만나 위로하며 말했다.

“너 지금 많이 힘들구나!”

화내지 않고 부드럽게 말을 건네자, 규진이는 잠시 놀란 듯 내 얼굴을 바라보았다. 그러다 이내 시선을 떨구며 조용히 대답했다.

“예, 아주 힘들어요.”

“뭐가 그리 힘들어? 나에게 솔직히 말해 줄 수 있어?”

한동안 망설이던 규진이는 결국 마음속 이야기를 꺼냈다. 재활원에서의 규칙적인 생활이 너무 힘들다고 하며 덧붙여 말했다.

“아빠가 너무 그리워요. 보고 싶어요.”

조용히 건네는 규진이의 말에 그리움과 외로움이 뒤섞인 규진이의 마음이 그대로 전해져 가슴이 먹먹했다. 그때 나는 규진이에게 그동안 채워지지 않았던 부모의 사랑을 내가 단 며칠 만이라도 엄마의 정으로 대신 채워주고 싶다는 생각이 들었다. 재활원이라는 울타리 안에서 늘 규칙과 통제 속에 지내온 규진이가 잠시나마 가정이라는 포근한 울타리 속에서 자유와 행복을 느낄 수 있도록 해 주고 싶었다. 그래서 규진이를 집으로 데리고 왔다. 작은 방 하나를 온전히 규진이에게 내주고 컴퓨터도 마음껏 사용할 수 있게 해 주었다. 편안한 표정을 짓는 규진이의 얼굴을 보며, 내 마음도 자연스레 편안해졌다. 그날 규진이가 짓던 행복한 미소는 지금도 내 기억 속에 생생하게 남아 있다. 저녁 할 시간이 되어 규진이에게 물었다.

"규진아, 제일 먹고 싶은 게 뭐니? 내가 맛있게 만들어 줄게."

"저 김밥 많이 먹고 싶어요. 그리고 돼지불고기도 좋아해요."

엄마가 자식을 위해 정성껏 밥상을 차리듯, 규진이가 좋아하는 김밥과 돼지불고기를 정성껏 준비했다. 규진이는 세상을 다 얻은 듯한 얼굴로 맛있게 밥을 먹었다. 이튿날 아침, 늦잠을 자고 일어난 규진이와 밥을 먹다가 큰아들이 규진이에게 말을 건넸다.

"우리 배드민턴 치러 밖에 나갈래?"

"좋아요! 저 배드민턴 좋아해요. 형이랑 배드민턴 치고 싶어요."

규진이는 큰아들과 함께 배드민턴을 치며 한껏 즐거워했다. 그 후엔 탁구장에도 함께 가서 탁구 게임을 하며 재미있는 시간을 보냈다. 한 공간에서 함께 지내는 동안, 규진이와 나는 자연스럽게 서로를 더 깊이 이해하고 신뢰하게 되었다. 그 경험은 가족이 함께하는 시간이 얼마나 큰 힘이 되는지를 다시 생각하게 했다. 규진이와 함께한 시간은 자연스레 한때 힘겹게 지나왔던 작은아들의 사춘기를 떠올리게 했다.

어느 금요일 저녁, 작은아들과 나는 남편이 있는 광명으로 가서 군 복무 중인 큰아들을 면회하기로 약속했다. 오랜만에 가족과 함께 큰아들을 만나러 간다고 생각하니 내 마음은 기대와 설렘으로 가득 찼다. 그런데 작은아들은 약속 시간이 지났는데도 집에 들어오지 않았다. 버스표를 세 번이나 바꾼 뒤에야 작은아들 발걸음 소리가 들렸다.
아무 연락도 없이 늦게 들어오는 아들을 보자 화가 치밀어 올랐다.
하지만 애써 화난 마음을 누르며 조용히 물었다.

“오늘 버스 타고 아빠한테 가서 내일 형 면회하러 가기로 했잖아.
왜 이제 들어오니?”

잠시 머뭇거리던 작은아들이 한마디 내뱉었다.

“형 꼴 보기 싫어요. 솔직히 말하면, 형을 죽이고 싶어요.”

그 말을 듣는 순간, 심장이 철렁 내려앉았다. 숨이 막혔다. 예전 같
았더라면 놀란 마음을 추스르기도 전에 큰소리부터 냈을 것이다. 순
간의 분노에 휩쓸려 아들의 마음에 지울 수 없는 큰 상처를 남겼을지
도 모른다. 하지만 그날은 달랐다. 사춘기 아이가 거친 감정을 드러내
는 바로 그 순간이 감정 코칭할 수 있는 기회라는 것을 알고 있었기
때문이다. 물론 마음은 여전히 크게 흔들렸다. 그럼에도 나는 깊게
숨을 고르며, 떨리는 마음을 애써 눌러 아들에게 조심스럽게 말을 건
넸다.

“왜 그런 생각 했어? 엄마한테 솔직하게 말해 줘.”

화낼 줄 알았던 내가 뜻밖의 반응을 보이자, 당황한 표정으로 잠시
나를 빤히 쳐다보다가 입을 열었다.

“사실은….”

형에게 심하게 괴롭힘을 당해왔고, 부모님께 알리면 더 큰 보복을
당할까 봐 두려워 지금까지 말하지 못했다고 했다. 머릿속이 하얘졌
다. 돌이켜보니, 우리 부부는 큰아들에게 지나치게 큰 기대를 하고 있

었고, 그 기대에 미치지 못할 때마다 스트레스를 많이 주었다. 큰아들은 부모에게 받은 스트레스를 고스란히 동생에게 풀었던 것 같았다. 가슴이 찢어지는 듯 아팠다. 나는 작은아들의 손을 꼭 잡고 말했다.

"이건 네 잘못도 아니고 형 잘못도 아니야. 형에게 공부 스트레스를 너무 많이 준 엄마, 아빠의 잘못이야. 엄마가 잘못했어. 미안해."

마음을 다해 몇 번이나 사과했다. 작은아들은 아무 말 없이 눈물만 뚝뚝 흘렸다. 그날의 상황을 알리기 위해 남편에게 편지를 썼다. 작은아들과 심야 우등버스를 타고 남편에게 갔다. 남편은 전해준 편지를 읽으며 여러 번 한숨을 내쉬긴 했지만, 담담하게 받아들였다.

토요일 아침, 작은아들은 이불 속에서 꼼짝하지 않았다. 남편이 먼저 큰아들에게 가서 작은아들의 상황을 알려주었다. 며칠 뒤, 큰아들은 동생에게 사과의 편지를 보내왔고, 다시는 힘들게 하지 않겠다는 다짐을 동생에게 전했다. 그러나 작은아들은 "진심이 아니다."라고 말하면서 형의 사과를 받아들이지 않았다.

몇 달 뒤, 큰아들이 휴가를 나와 오랜만에 가족이 함께 외식하게 되었다. 두 아들은 여전히 어색해했다. 남편과 나는 조심스레 분위기를 이끌었다. 식사가 끝날 무렵, 남편은 작은아들을 꼭 안아주며 말했다.

"3개월 뒤, 봄에 형이 휴가 나오면 지금보다 훨씬 편한 사이가 되었으면 좋겠다. 너도 노력해 보렴. 아빠가 기도할게. 사랑한다, 아들."

큰아들에게도 격려를 전하며 남편은 말했다.

"아들, 힘내고 다 잘될 거야. 아빠가 기도할게. 힘내! 사랑한다."

봄이 되어 큰아들이 다시 휴가를 나왔다. 부엌에서 요리하는 내 곁으로 작은아들이 슬그머니 다가와 작은 목소리로 속삭였다.

"엄마, 형이 조금 달라진 것 같아요."

그 말과 함께 얼굴에 번진 작은아들의 미소에서 평온함을 느꼈다. 그제야 작은아들이 형에게 받은 상처에서 조금씩 벗어나고 있다는 것을 알 수 있었다. 눈물이 핑 돌았다.

세월이 흐르고 작은아들의 생일날이 되었다. 큰아들은 동생을 위해 깜짝 이벤트를 준비했다. 큰아들이 동생을 위해 축하 케이크를 사 왔다. 가족들 모두 생일 축하 노래를 불렀다. 큰아들이 동생에게 말했다.

"케이크 가운데 있는 작은 고리 죽 당겨 봐."

작은아들이 고리를 당기자, 케이크 속에서 만 원짜리 지폐가 한참 동안 이어져 나왔다. 작은아들은 행복해하며 웃었다. 나는 눈시울이 뜨거워졌다. 동생을 위해 마음을 쏟은 큰아들이 대견스럽고 기특하고 고마웠다. 그날의 장면은 두 아들의 마음속에 오래도록 좋은 기억으로 남아 있을 것이다. 비바람을 견딘 나무가 더 굳건히 뿌리를 내리듯, 그날 이후 형제애는 더욱 단단해졌다.

소리를 찾은 날

소리는 세상과 한 사람의 마음을 이어주는 다리와 같다. 하지만 태어날 때부터 소리를 듣지 못하는 아이들에게 그 다리는 아직 완전히 연결되지 않은 길과 같다. 이 아이들은 먼저 목소리를 내는 법을 배우고, 자기 입에서 나오는 공기의 움직임을 느끼며 조금씩 소리를 익힌다. 소리를 내어 말하는 것은 세상과 처음으로 손을 맞잡는 몸짓이며, 마음을 전하는 새로운 언어이다. 그 과정이 힘겹고, 때로는 눈물도 나지만, 작은 소리 하나가 완성될 때마다 그 안에는 아이의 꾸준한 노력, 그리고 교사의 열정과 인내가 깃들어 있다.

태어날 때부터 소리를 듣지 못한 아이들은 먼저 목소리를 내는 법부터 배워야 한다. 조금씩 공기를 내뱉으며 발성을 시도하고, 입김으로 만들어지는 소리의 감각을 몸으로 익힌다. 이어서 세상에 존재하는 모든 사물이 이름을 가지고 있다는 사실을 배우고, 그 이름을 하나하나 발음하는 방법까지 차근차근 익혀나간다.

주변의 말소리를 듣고 자연스럽게 언어를 익히는 비장애 아이들과 달리, 청각장애 아이들은 전혀 다른 과정을 거쳐 언어를 습득하는 경우가 대부분이다. 비장애 아동은 "할머니"를 "함미", "이모"를 "니모"라고 부르더라도 시간이 지나면서 저절로 발음이 교정된다. 하지만 청각장애 아이들은 소리를 들을 수 없기에 발음의 차이를 스스로 알아차리기 어렵다. 그래서 아이들은 소리를 내는 방법, 발음할 때 혀와 입, 목젖 등 조음기관을 어떻게 움직여야 하는지까지 세밀하게 배우게 된다.

최근에는 영유아 시기에 인공와우 수술을 받아 가능한 한 빨리 소리를 들을 수 있는 경우가 많아졌다. 덕분에 언어발달이 비장애 아이들과 큰 차이 없이 자연스럽게 이루어지는 사례도 늘어나고 있다.

나는 청각장애 아동의 언어지도를 단순한 '발음 교정'이 아니라, '소리를 찾아가는 여정'으로 바라본다. 그 여정 속에서 아이가 처음으로 자신의 목소리를 찾아가는 순간은 언제나 내게도 크고 진한 감동으로 다가온다. 그날 만난 선미 역시 그렇게 '소리를 찾아가는 길' 위에 서 있는 아이였다. 내 교실은 선미 반 맞은편이었기 때문에, 수업 중에도 선미의 목소리가 종종 들려오곤 했다.

어느 날, 선미의 목소리를 유심히 들어보니까 발음이 또렷하지 않았다. '가방'을 '아방'으로, '하마'를 '아마'로 말하고 있었다. '기역'과 '히읗' 발음이 나오지 않고 모음만 들렸다. 발성과 발음 훈련으로도 금방 발음이 교정될 수 있을 것만 같았다. 당장 달려가서 돕고 싶은 마음은 있었지만, 선뜻 다른 반 교사의 수업에 개입하기가 조심스러웠다.

그러던 어느 날, 선미 담임 선생님이 찾아왔다.

"선생님, 선미가 '히읗' 발음을 잘 못해요. 어떻게 지도해야 하는지 방법을 알려주실 수 있을까요?"

"그럼요, 직접 보여드릴게요."

거울을 준비해 선미 앞에 놓고 말했다.

"자, 이렇게 '호~' 하고 해봐"

입김이 거울 위에 서리자, 선미의 눈이 동그랗게 바뀌었다. 손등에도 입김을 불어보게 하며, 입김의 흐름을 감각적으로 느끼게 했다. 그 다음에는 입김을 내면서 모음 '아'를 연결해 "하~" 발음을 해보게 했다. 선미가 처음엔 어색해했지만, 거울 속에 비친 자신을 바라보며 점점 자신감을 얻은 것 같았다.

며칠 뒤, 복도에서 만난 선미 담임 선생님이 웃으며 말했다.

"선생님, 선미가 요즘 거울 앞에서 혼자 '호~' 하면서 연습해요. 제가 시키지 않았는데 말이죠."

그 말을 듣는 순간, 마음이 포근함으로 채워졌다.

"아, 잘된 일이네요. 아마 곧 '히읗' 발음이 정확히 나올 거예요."

며칠이 지나지 않아 옆 교실에서 모두가 바라던 '히읗' 발음이 아주 또렷하게 들려왔다.

"하마", "호랑이", "할아버지", "호박"…

그로부터 며칠 후, 선생님이 다시 찾아왔다.

"선생님, '기역' 발음을 가르쳐 보고 싶은데… 잘 안돼요."

"그럼, 제가 해왔던 방법을 알려드릴게요. 조금만 연습하면 금방 나올 거예요."

나는 작은 숟가락에 물을 반쯤 담아 선미의 입에 넣고 양치하듯 입을 헹구게 했다. 그리고 점차 물의 양을 줄여가며 같은 동작을 반복했다. 마지막에는 물 없이 숟가락만 입에 살짝 넣었다가 뺐다. 이 과정을 통해 선미는 목젖으로 목구멍을 막는 감각을 자연스레 익혔다.

그 순간, 모음 '아'를 연결해 '가~' 발음을 유도했다. 짧은 순간, 공기가 진동하며 세상에 처음으로 '가~' 소리가 울려 퍼졌다. 선미는 자기가 낸 소리에 깜짝 놀라며 환하게 웃었다. 며칠 뒤, 다시 옆 교실에서 수업하는 선생님과 선미의 목소리가 들려왔다.

"이거 뭐예요?"

"가위", "가방", "가지"…

"선미야, 정말 잘했어!"

선생님이 손뼉을 치며 칭찬해 주는 소리가 복도에 가득 찼다. 선미의 '가~'와 '하~'는 단순한 소리가 아니라, 세상과 연결된 소통의 다리였다. 선생님이 용기를 내어 나에게 다가왔고, 선미는 또 다른 소리를 찾을 수 있게 되어 기분이 좋았다.

말의 힘을 알게 해 준 '밥 실험'

말 한마디가 사람의 마음을 움직이고, 생각과 행동에 큰 영향을 준다는 것은 누구나 아는 사실이다. 하지만 말의 힘은 사람에게만 적용되는 것은 아니다. 우리의 말과 마음가짐은 물, 식물, 심지어 밥과 같은 사물에도 영향을 미친다. 따뜻하고 긍정적인 말은 그것들을 생기 있게 하고, 부정적이거나 거친 말은 그 생명을 단축하기도 한다. 매 순간 건네는 말 한마디가 이렇게 큰 힘을 지니고 있다는 사실을 아이들과 함께 실험을 통해 눈으로 확인한 일이 있었다.

수학 시간에 대강이의 수학책 표지에 생긴 동그란 구멍을 보고, 말의 힘을 알게 해 주는 '밥 실험'을 하게 된 일이 있었다. 구멍 난 수학

책을 보고 놀란 나는 대강이에게 말했다.

"책 표지에 구멍이 났네. 누가 그랬어?"

"제가 그랬어요."

"그래? 왜 그랬어?"

"심심해서 그랬어요."

"심심해서 그랬어? 그런데 책이 좀 아팠겠다."

내가 한 말에 대강이는 눈을 크게 뜨며 말했다.

"예? 책이 아프다고요? 책은 생명이 없잖아요? 그런데 어떻게 아파요?"

"굳이 생명의 유무로 구분한다면 생명이 없다고 할 수 있지. 그렇다고 책을 함부로 다루고 상처를 낸다면 어떨 거 같아?"

"음… 싫어할 것 같아요."

대강이는 머리를 긁적였다. 그때 문득 한글날 특집으로 MBC에서 다큐멘터리로 방영한 「말의 힘, 밥 실험」이 생각났다. 아이들과 함께 영상을 보았다. 반 아이들 모두 호기심을 가득 품은 채 눈을 반짝이며 영상을 시청했다. 영상을 다 본 후 대강이가 손을 번쩍 들었다.

"선생님, 밥이 진짜 말을 듣는다고요?"

"진짜 들어."

"그런데 밥은 귀도 없잖아요?"

"우리처럼 듣는 귀는 없지만, 밥도 말을 들을 수 있어."

대강이의 호기심은 점점 커졌다.

"얘들아, 우리도 '밥 실험'을 한번 해볼까?"

“와! 좋아요!”

아이들은 손뼉을 치면서 좋아했고, 얼굴은 호기심과 기대감으로 가득했다.

아이들에게 ‘듣고 싶은 말’과 ‘듣기 싫은 말’이 무엇인지 조사하는 과제를 주었다. 아이들은 조사해 온 낱말 중에 ‘듣고 싶은 말’과 ‘듣기 싫은 말’을 구분하여 하나씩 발표했다.

“괜찮아, 힘내!”, “네 덕분이야.”, “난 널 믿어.”, “네가 좋아.” …

‘듣고 싶은 말’을 발표할 때는 교실 가득 따뜻한 말들이 흘러넘쳤다. 이어서 ‘듣기 싫은 말’도 발표했다.

“네 꼴 보기 싫어.”, “너 때문이야.”. “저리 가, 꺼져.”, “미워.” …

아이들은 서로 쳐다보며 키득키득 웃었다. 조사해 온 말들을 큰 전지에 가득 메워가는 아이들의 모습이 사랑스러웠다.

이튿날, 나는 같은 크기의 병 두 개에 흰밥을 나눠 담아왔다. 한 병에는 ‘예뻐(A)’라고 써 붙였고, 다른 병에는 ‘나빠(B)’라고 써 붙였다. ‘A’ 병에는 들으면 기분 좋은 말을, ‘B’ 병에는 들으면 기분 나쁜 말을 들려 주기로 했다. 한 달 동안 들려주며 두 병의 변화를 살펴보기로 했다. 대강이는 아침에 교실에 들어오면 ‘A’ 병을 먼저 들고 말을 건넸다.

“잘 지냈니? 사랑해. 보고 싶었어.”

그의 얼굴엔 예쁜 미소가 번졌다.

‘B’ 병을 들고는 얼굴을 찡그린 채 화내며 말했다.

“너 미워, 너 때문에 내가 너무 힘들어, 귀찮아 저리 가.”

이렇게 말하고는 쑥스러운지 씽긋이 웃었다. 다른 친구도 ‘A’ 병을 들고 말했다.

“난 네가 좋아, 넌 예뻐.”

‘B’ 병을 들고 손가락질하며 말했다.

“너 싫어. 돼지 같아.”

대강이가 어린이날 주간에 부모님이 계시는 집에 다녀온 뒤, 월요일 아침 변함없이 ‘A’ 병을 들고 말했다.

“나 집에 갔다 왔어. 넌 주말 동안 잘 있었니?”

‘B’ 병을 들고 화난 표정으로 말했다.

“넌 나빠. 꺼져.”

시간이 흐르자 두 병 속의 밥은 조금씩 다른 모습으로 변해 갔다. 실험을 시작한 지 한 달쯤 지났을 때, 두 병을 살펴보았다. ‘A’ 병에는 흰 곰팡이가 피고 구수한 누룩 냄새가 났으며 덜 흉해 보였다. 그러나 ‘B’ 병에는 검은 곰팡이가 뒤덮여 있었고, 썩은 듯한 모양새였다. 아이들은 두 병을 번갈아 바라보면서 신기해하며 말했다.

“선생님, 너무 신기해요. 밥도 우리가 하는 말을 진짜 들었나 봐요.”

아이들의 반짝이는 눈빛 속에는 신기함과 놀라움이 담겨 있었다. 나 역시 눈앞에서 확인한 두 병의 뚜렷한 차이에 놀라움을 감출 수 없었다. 아이들은 말의 힘을 눈으로 직접 관찰하며 감탄했고, 그날 이후 교실 안에서 오가는 말들이 조금은 더 부드럽고 따뜻해졌다.

놀이, '다섯 고개'와 배움

아이들은 놀이를 통해 세상을 탐색하며 언어와 마음의 힘을 키워 나간다. 놀이의 각 장면은 단순한 즐거움에 그치지 않고, 자기 생각을 자유롭게 표현하면서 살아 있는 배움의 순간이 되기도 한다. 나는 아이들이 놀이할 때, 배움과 성장이 자연스럽게 어우러지는 모습을 자주 보게 된다. 특히 말놀이하는 동안 아이들은 큰 흥미와 즐거움을 느끼며, 놀이 속에서 배움에 한층 깊이 몰입하게 된다.

얼마 전, 국어 시간에 '말의 재미를 찾아서'라는 단원에서 '다섯 고갯놀이'에 관해 공부하는 시간이 있었다. 놀이를 아주 좋아하는 보람이는 '다섯 고갯놀이'가 재미있다고 나만 보면 졸라댔다.

“선생님, 다섯 고갯 놀이해요!”

놀이가 시작되면 보람이의 눈망울은 더 똘똘해지고, 얼굴에는 어느새 환한 미소가 번져 나갔다. 그 모습이 너무 사랑스러워 아침마다 수업 시작하기 전에 보람이와 다섯 고갯놀이를 하곤 했다.

그러던 어느 날, 국어 시간에 동시를 읽던 보람이가 물었다.

“선생님, 홍시가 뭐예요?”

내가 그림을 보여주었지만, 보람이의 표정은 시큰둥했다.

이튿날 나는 까만 봉지에 홍시를 담아 학교에 가지고 갔다. 봉지 속에 들어 있는 것이 무엇인지 알아맞히기 놀이를 하기로 했다.

“과일입니까?”

“맞아.”

“모양이 어때요?”

“동그랗게 생겼어.”

“색깔은요?”

“주황색이야.”

“딱딱합니까?”

“아니, 말랑말랑해.”

“몇 글자예요?”

“두 글자이고, 어제 배운 낱말이야.”

보람이는 손뼉을 치며 외쳤다.

“홍시 맞지요!”

봉지 안에 있던 홍시를 꺼내 보람이에게 보여주었다.

"아, 이게 홍시군요!"

그제야 홍시를 알게 된 보람이에게 홍시를 반으로 잘라 주며 말했다.

"보람아, 홍시 맛이 어떤지 한번 먹어봐."

내가 건넨 홍시를 한 입 대자마자 얼굴을 찡그리며 말했다.

"선생님, 맛이 없어요. 안 먹을래요."

국어 시간에 홍시가 무엇인지 몰라 했던 보람이가 이해되었다.

점심시간이 끝나고 교실로 돌아오는 길에 보람이는 또다시 다섯 고갯놀이를 하자고 말했다. 이번에는 가위바위보를 해서 이긴 쪽이 낱말을 정하기로 했다. 나는 머릿속에 낱말을 떠올렸고, 보람이는 질문을 이어갔다.

"동물인가요?"

"아니야."

"과일인가요?"

"아니, 음식이야."

"모양이 어때요?"

"길쭉하게 생겼어."

"몇 글자인가요?"

"두 글자."

점심시간에 배식으로 나온 핫바와 관련된 걸 눈치챈 보람이가 손뼉을 치며 말했다.

"아하! 알겠어요. 핫바지요?"

교실에 들어와 이를 닦고 난 보람이는 교실 뒤편에 놓인 잠자리채를 가리키며 말했다.

"선생님, 잠자리채 가지고 밖에 나가서 잠자리 잡고 싶어요."

"잠자리 잡고 싶어? 그런데 지금은 잠자리가 없어."

"선생님, 그래도 있을지 모르잖아요. 빨리 나가봐요."

한사코 밖에 나가서 잠자리를 잡겠다고 떼쓰는 보람이를 뿌리치지 못하고 잠자리채를 들고 밖으로 나갔다. 아니나 다를까, 날아다니는 잠자리는 볼 수가 없었다. 보람이는 잠자리가 보이지 않자, 메뚜기라도 잡아보겠다며 이리저리 뛰어다녔다. 메뚜기 한 마리를 어쩌다 발견한 보람이는 살금살금 다가갔다. 하지만 메뚜기는 순식간에 날아가 버렸다.

"메뚜기를 놓쳤어요. 저기로 숨었나 봐요."

보람이는 메뚜기를 놓친 걸 아쉬워했다. 메뚜기를 찾아보겠다고 주변을 두리번거리며 한참 찾았다. 그때 작은 나비 한 마리가 눈앞을 날아다녔다.

"보람아, 선생님이 나비 잡아줄까?"

"아니요. 제가 잡을 거예요."

보람이는 나의 도움을 마다하고 혼자서 잡아보겠다고 이리저리 뛰어다녔다. 마침내 잠자리채로 나비를 잡는 데 성공했다. 잠자리채의 그물망 속에서 파닥이는 나비를 보며 보람이는 잠자리 통에 조심스럽게 나비를 넣었다.

"선생님, 보세요. 제가 나비를 잡았잖아요!"

보람이는 기뻐서 폴짝폴짝 뛰며 좋아했다. 통 속에서 움직이는 나비를 오랫동안 들여다보았다. 바로 그때, 이웃 유치원의 아이들이 선생님과 함께 지나갔다. 보람이가 들고 있는 통 속에 나비를 본 한 꼬마가 말했다.

"어? 그거 잡으면 안 되는데. 죽이면 안 되는데…"

그러자 보람이가 곧바로 대답했다.

"죽이는 거 아니야. 잠깐만 보고 날려 보낼 거야."

보람이는 통 뚜껑을 열며 말했다.

"나비야, 안녕. 잘 가."

보람이는 나비가 날아가는 방향을 바라보며 손을 흔들어 주었다. 그 모습이 참 귀엽고 예뻤다. 또 한 마리의 나비가 보람이 앞에서 날아다녔다. 보람이는 재빠르게 나비를 또 잡았다. 통 속에 넣어 유심히 관찰했다. 이번에는 통을 거꾸로 들고 뚜껑을 열어 나비를 놓아주었다. 그때 통에서 나온 나비가 보람이의 팔뚝에 잠시 앉았다가 이내 다시 날아갔다. 보람이는 그 순간이 무척 신기했는지, 다음 날 그림 일기장에 그 장면을 자세히 그림을 그리고 일기를 써 왔다. 비록 잠자리는 잡지 못했지만, 밖에서 잠자리채를 들고 신나게 뛰놀았던 시간이 너무 즐거웠다고 일기장에 쓰여 있었다.

나는 점심시간이라 쉬고 싶은 생각에 조금은 귀찮은 마음도 있었지만, 그런 마음을 접고 보람이가 원하는 대로 밖으로 나가길 정말 잘했다는 생각이 들었다. 보람이와 함께한 시간 속에서, 교육이란 결국 아이에게 주어진 하루라는 시간 속에 교사가 함께하는 것이란 사실을 새삼 깨달았다. 아이의 행복이 곧 나의 기쁨이자 보람이었다.

보충수업 속 성장과 감사

매년 3월이면 어김없이 개학과 입학식으로 학교가 활기를 되찾곤 했다. 하지만 2020년 3월은 코로나19로 인해 학교는 이전에 단 한 번도 경험해 보지 못한 생소한 상황을 겪게 되었다. 교육부의 지시로 개학은 연기되었고, 아이들은 집에서 생활해야 했다. 기다림 속에서 4월 16일 마침내 개학이 되었지만, 아이들은 여전히 교실로 돌아올 수 없었다. 결국 교육부는 원격수업이라는 새로운 방식을 선택했다.

청각장애 아이들에게 교사의 수업은 단순히 말이나 수어만으로 이루어지지 않는다. 아이들은 교사의 수어뿐 아니라 눈빛과 표정, 그리고 작은 몸짓까지 모두 언어로 받아들이며 수업 내용을 이해한다. 그런데 원격수업을 통해 아이들이 작은 화면 속에서 교사의 수어만을 보고 수업 내용을 충분히 이해하기란 쉽지 않았다. 나 역시 원격수업을 할 때, 수업을 효과적으로 진행할 수기 없이 답답했다. 등교수업이 간신히 5월 27일부터 시작되었다. 하지만 다정이는 몸이 아파 한동안 학교에 나오지 못했다. 뒤늦게 등교한 다정이는 이전에 배우지 못한 교과를 보충해야 했고, 점심시간을 활용해 일대일 수업을 진행해야 했다.

어느 날 수학 과목 보충수업을 하던 중, 다정이가 문제를 풀다가 갑자기 눈물을 흘렸다.

"다정아, 왜 그래? 혹시 공부가 힘들어?"

"예, 힘들어요."

"그럼, 지금 이 단원 다음에 배우고, 다른 거 공부할까?"

다정이는 고개를 숙인 채 아무 말이 없었다. 공부할 생각도 없어 보였다.

"그럼, 잠시 쉬고 5교시에 다시 공부하고 싶어?"

다정이는 고개를 끄덕이며 눈물을 닦았다. 수학 공부가 힘들다고 눈물을 흘리는 다정이를 보니 마음이 아팠다. 오후 수업을 마치고 다정이에게 점심시간을 이용하여 보충수업을 해야 하는 이유를 다시 차근차근 설명했다.

"지금 보충수업 하는 것 포기하고 싶어? 아니면 힘들어도 참고 배우고 싶어?"

잠시 생각에 잠겨 있던 다정이는 힘들어도 계속 배우고 싶다고 대답하면서 고개를 숙였다. 그렇게 하여 보충수업을 계속 이어갈 수 있었고, 보충수업 마지막 날, 중간에 포기하지 않고 끝까지 해낸 다정이의 얼굴에 환한 미소가 가득 채워진 모습을 볼 수 있었다.

다음 날 국어 시간에 '내 마음을 전달하기'라는 주제로 수업을 진행했다. 아이들은 학교에서 생활하면서 느낀 미안함이나 고마운 마음을 쪽지에 적어 상대방에게 직접 전달하기로 했다. 쉬는 시간, 책상에 앉아 잠시 쉬고 있는데, 다정이가 다가와 살며시 쪽지를 내밀었다. 사실 어떤 내용일지 어렴풋이 짐작이 갔다. 하지만 모르는 척하며 건네주는 쪽지를 받으며 말했다.

"무슨 내용이지? 궁금해."

쪽지를 펴자, 예쁜 글씨로 정성껏 쓴 글이 눈에 띄었다.

「선생님, 점심시간에 혼자 보충 수업할 때 힘들었어요. 그때 저를 포기하지 않고 끝까지 가르쳐주셔서 감사합니다.」

글을 읽는 순간 고마워하는 이쁜 마음이 고스란히 전해져 가슴이 뭉클했다. 숙제를 내주며 말했다.

"다정아, 숙제할 때 다른 사람 도움받지 말고 혼자 해 봐. 모르면 그냥 가지고 와도 돼. 모르는 건 부끄러운 일이 아니야. 궁금한 건 언제든 물어봐도 돼."

"알겠어요"

다정이는 환하게 웃었다.

이후 다정이는 문제가 어렵거나 잘 모를 때도, 가르쳐 달라고 말하는 것을 더 이상 부끄러워하지 않게 되었다.

어느 날 아침, 출근해 보니 책상 위에 화장지로 덮여 있는 무언가가 있었다. 화장지를 살짝 들어보니 빵 몇 개가 놓여 있었다. 최근 들어 학업에 열중하고, 어제 감사의 마음을 쪽지로 전하넌 다정이의 얼굴이 떠올랐다. 그때 범진이가 교실로 왔다.

"이거, 네가 갖다 놓았니?"

"아니요. 다정이가 갖다 놓았어요."

"그랬구나!"

잠시 후 다정이가 교실로 들어왔다.

"다정아, 이거 네가 갖다 놓았니?"

"예."

"우와! 너 센스 만점이야. 고마워."

"센스가 무슨 뜻이에요?"

"센스란 말이야…"

나는 '센스'라는 말뜻을 이해시키기 위해 상황을 예로 들며 천천히 설명해 주었다. 그랬더니 다정이의 얼굴에 미소의 꽃이 활짝 피었다.

"선생님, 어제 안 계시던데 어디 가셨어요?"

"음, 너희들 다음 달에 체험학습 갈 곳 답사 다녀왔어."

먼지가 내려앉지 않도록 화장지로 살포시 덮어 놓은 다정이의 배려심이 너무 감동적이었다. 나는 교실 뒤편 게시판 '칭찬 나무'에 하트 모양 포스트잇을 달 수 있도록 칭찬하는 글을 적어 주었다.

「선생님을 생각하고 센스 있게 행동한 다정이가 참 고마워.」

다정이는 포스트잇을 받아 들고 활짝 웃으며 칭찬 나무에 달았다. 다정이는 보충수업을 포기하지 않고 끝까지 해냈다. 그 과정에서 성취감과 자신감을 얻었고, 한 걸음 더 성장한 다정이를 보는 내 마음은 뿌듯함과 보람으로 가득 찼다.

맑은 미소, 잊지 못할 소중한 여정

아이들과 함께 떠나는 여행은 언제나 설렘과 걱정이 함께 공존한다. 여행 중에 낯선 공간에서 아이들과 보내는 며칠은 교실 안에서는 볼 수 없는 아이들의 새로운 모습을 보기도 한다. 유난히도 더웠던 추석 연휴가 지나고, 자원봉사 교사로 2박 3일간의 파주 수학여행에 함께했다.

이번 여행에서 함께 지낸 아이는 혜순이었다. 지난봄 수련회 때 처음 만나서 그런지 두 번째 만남은 한결 편안했다. 혜순이 역시 그때보다 조금은 익숙해진 듯, 얼굴에서 반가움이 묻어났다. 하지만 며칠 전 전해 들은 혜순이의 학교생활 이야기가 마음 한편에 걸려, 여행 내내

같이 잘 지낼 수 있을지 은근히 걱정되었다.

아니나 다를까 파주에 도착한 첫날 점심시간, 예기치 못한 일이 벌어졌다. 식당에 앉아 식사하던 중 혜순이가 반찬을 집어 먹더니 갑자기 자리에서 벌떡 일어났다. 몇 발짝 걷던 혜순이는 갑자기 식당 바닥에 드러누워 버렸다. 일으키려 했지만, 혜순이의 힘이 워낙 세서 혼자서는 도저히 감당할 수가 없었다. 동료 교사들의 도움을 받아 혜순이를 식당 밖으로 데려 나올 수 있었지만, 그 순간 혜순이는 다시 도로 쪽으로 달리기 시작했다. 자동차가 다니는 도로라서 덜컥 겁이 났다. 마침, 교장 수녀님과 선생님들의 도움으로 가까스로 혜순이를 제지할 수 있었고, 겨우 진정시켜 버스에 태웠다.

지난 5월, 수련회에서 처음 만났던 혜순이는 수어로 몇 단어를 표현할 뿐 목소리로는 전혀 말하지 않았다. 그런데 이번 여행에서 혜순이가 작지만 또렷한 목소리로 "버스 타고"라고 말했다. 그 순간, 놀라움과 감동이 함께 느껴졌다. 혜순이는 버스를 무척 좋아했다. 혜순이는 흥미가 없으면 수어로 '버스'를 표현했다. 혜순이의 그 말은 버스 타고 다른 곳으로 가고 싶다는 표현이었다. 한마디 말을 하기까지 끊임없이 노력한 혜순이가 사랑스러웠다.

제3땅굴에 도착했을 때, 혜순이는 제일 먼저 화장실을 다녀왔다. 그리고 친구들을 따라 DMZ 영상관으로 들어가 자리에 앉자마자, 또 화장실에 가고 싶다고 수어로 '화장실'을 표현했다. 그만큼 혜순이는 영상이 재미없던 것이었다. 나는 안된다고 참으라고 했다. 다행히 혜순이는 더 이상 화장실에 가고 싶다고 떼쓰지 않고 끝까지 영상을 봤다.

지난 수련회 때만 해도 조금만 지루하다고 느껴지면 화장실을 핑계 삼아 종종 자리를 이탈했다. 그땐 혜순이를 처음 만나 잘 몰랐기 때문에, 화장실 가고 싶다고 말할 때마다 계속 데리고 나갔다. 나중에 알고 보니 흥미가 없어 그 시간을 피하고 싶었던 것이었다. 이번엔 안 된다는 내 말을 듣고 그 자리에서 영상이 끝날 때까지 참고 앉아 있었다는 것은 혜순이에게는 또 다른 큰 성장이라 여겨졌다.

북한이 남침을 위해 팠던 갱도, 제3땅굴에 들어갈 때는 경사가 매우 가팔라 걱정이 되었다. 내려가는 길보다 올라올 때가 훨씬 힘들 것 같았다. 혜순이에게 손짓과 몸짓을 총동원하여 질문을 했다. 친구들이 가는 방향으로 갈 건지, 아니면 땅굴 안으로 들어가지 않고 입구로 되돌아갈 건지 둘 중 선택해 보라고 했다. 혜순이는 망설이지 않고 친구들이 가고 있는 땅굴 방향을 가리켰다. 그렇게 하여 나는 혜순이와 함께 긴 땅굴 속을 걸었다. 북한이 다시는 사용할 수 없도록 설치된 콘크리트 차단벽 사이로 보이는 땅굴의 끝자락을 바라보며 가슴이 먹먹했다. 분단의 현실을 가까이에서 보니 이전에 매스컴을 통해 느끼던 때와 다르게 마음에 다가왔다.

이제 그 가파른 길을 다시 올라와야 했다. 얼마 지나지 않아 혜순이의 거친 숨소리가 들렸다. 나는 뒤에서 혜순이의 등을 살짝 밀어주었다. 혜순이는 그 힘을 의지하며 조금씩 조금씩 올라갔다. 어느 정도

올라가니 의자가 보였다. 의자의 위치를 알려주고 거기까지만 가서 쉬자고 말했다. 멀찍이 보이는 의자를 눈으로 확인한 혜순이는 더 힘을 내어 빠른 속도로 걸음을 옮겼다. 의자에 앉아 잠시 쉰 혜순이는 금세 일어나 끝까지 올라갔다. 혜순이는 땅굴을 끝까지 갔다 오는 일이 힘들 거로 생각했다. 그런데 포기하지 않고 그 일을 해낸 혜순이가 대견하고 자랑스러웠다. 나는 엄지를 들어 칭찬했다. 그날 제3땅굴에서 혜순이와 함께 걸었던 그 길은 잊을 수 없는 소중한 기억으로 남아 있다.

수학여행 마지막 날, 짐을 버스에 실어놓고 나니 잠시 시간적 여유가 있었다. 주변을 산책하던 중 길가에 도토리와 밤송이가 떨어져 있었다. 함께 간 선생님이 도토리를 주워 혜순이에게 보여주며 지문자로 말했다.

"이건 도토리야, 도토리."

혜순이는 곧바로 '도토리'라는 단어를 외웠고, "이게 뭐야?"라는 질문에도 정확히 "도토리!"라고 지문자로 대답했다. 그동안 많이 성장했음을 확인할 수 있었다. 선생님이 도토리를 혜순이의 손에 쥐여주자, 호기심 가득한 눈으로 그것을 입으로 가져가려 했다.

"이건 못 먹어. 버려."

선생님은 손에 쥐고 있던 도토리를 휙 집어 던졌다. 혜순이도 따라 던졌다.

혜순이의 모습을 본 순간, 지난봄 수련회 때 있었던 일이 떠올랐다.

혜순이의 담임 선생님께서는 나에게 주의를 당부하셨다. 혜순이가 눈에 보이는 것은 무엇이든 입에 넣으려 한다고, 한시라도 눈을 떼지 않고 지켜보고 있을 때였다. 강당에서 선생님이 아이들에게 바둑알을 나눠주었고, 혜순이가 바둑알을 받자마자 입에 넣었다. 나는 혜순이 입에 들어간 바둑알을 재빨리 꺼냈다. 하마터면 큰일 날뻔한 순간이었다. 그랬던 혜순이가 이번에는 도토리를 입에 넣으려다 멈췄고, 선생님을 따라 도토리를 던졌다. 위험을 알아차리고 자기의 행동을 조절하는 혜순이의 모습에서도 혜순이의 성장을 확인할 수 있었다.

　학교로 돌아오는 버스 안, 창가에 앉아 창밖을 바라보며 환하게 웃는 혜순이의 맑은 눈웃음이 지금도 생생하게 떠오른다. 혜순이와 함께한 여정의 끝에서, 나는 혜순이의 맑은 미소가 남긴 행복한 표정을 오래도록 마음에 간직하게 되었다. 새로운 곳으로 전학을 간 혜순이가 더 성장해서 환한 미소와 함께 행복하게 지내길 진심으로 바라는 마음이다.

Part 4

부모와 함께 걷는 배움의 기쁨

한 아이의 성장은
한 사람의 힘만으로
이루어지는 일이 아니다

교사와 부모가
같은 방향을 바라보며
함께 나아갈때,

아이는 조용히
한 걸음씩
자라간다.

"불 켰어.", 기적의 한마디

유치부에 입학한 아이 중에는 청주에서 충주까지 부모와 함께 매일 아침 통학하는 아이가 적지 않았다. 수업 시작 시각을 맞추려면 잠든 아이를 깨워 새벽같이 집을 나서야 했기에, 부모님과 아이들 모두에게 어려움이 많았다. 이러한 상황을 해결하고자 학교에서는 1999년, 내덕동 성당에 교실을 마련하여 청주 지역 아이들을 위한 파견 학급을 운영하기 시작했다.

해가 거듭될수록 아이들의 수는 점점 늘어났고, 기존 교실만으로는 더 이상 감당하기가 어려웠다. 결국 2004년, 파견 학급은 더 넓은 배움의 터전을 찾아 상당구 용정동으로 이전했다. 용정동으로 보금자리를 옮긴 뒤에는 독립된 건물을 갖추고, 유치부뿐 아니라 초등 저학년 교육과정까지 운영할 수 있게 되었다. 그리고 2020년, 현재의 저산리로 교사를 옮기면서 유치부를 포함한 초등학교 전 과정을 파견 학급에서 공부할 수 있게 되었다.

나는 2002년 내덕동 성당 안에서 파견 학급을 운영할 당시, 충주에서 출퇴근하며 근무했다. 1년 뒤 교사가 용정동으로 옮겨지면서 나는 다시 파견 학급에서 근무하게 되었다. 새로 단장된 교실마다 따스한 햇살이 비쳤고, 아이들의 웃음소리가 교실 밖으로 새어 나올 정도로 평온한 시간을 보냈다.

어느 날 오후, 한 어머니가 품에 아기를 안고 조용히 상담실 문을 열었다. 백일이 갓 지난 작은 아기였다. 기저귀를 찬 아기는 엄마의 품에 폭 안겨 있었다. 인공 와우 수술을 막 마치고 언어교육을 받기 위해 파견 학급을 찾아온 것이었다. 유치부는 운영 중이었지만, '영아반'은 아직 학급 인가를 받지 못한 상태여서 법적으로는 학교에서 그 아이를 정식으로 받아들일 수 없었다. 하지만 청각장애 아이의 조기교육이 매우 중요했기에, 학교와 협의하여 그 아이에게 언어지도를 받을 기회를 주자고 결정했다. 그렇게 해서 성은이와의 만남이 시작되었다.

유치부 수업이 끝난 뒤, 나는 일주일에 한 번 성은이를 위한 개별지도를 맡기로 했다. 당시 나를 포함한 어느 교사도 영유아 교육 경험이 없었다. 결국 부장 교사였던 내가 직접 아이를 가르치게 되었지만. 마음 한편에는 두려움이 있었다. 영유아를 가르친 경험이 없고, 돌도 안 된 청각장애 아기에게 무엇을 어떻게 가르쳐야 할지 막막했기 때문이다.

성은이의 어머니는 늘 아이를 등에 업은 채 교실 문을 조심스레 열고 들어오셨다. 수업이 시작되면 성은이를 품에 안고 내 옆에 나란히 앉았다. 나는 인형을 들어 성은이의 시선을 끌며 말을 건넸다.

"성은아, 이게 뭐야? 아기네~ 예쁘다!"

성은이가 인형을 바라보면, 나는 같은 말을 여러 번 반복했다.

"성은아, 아기야. 아기 예쁘지?"

멀찍이서 수업을 지켜보는 것도 아니고, 코 앞에서 성은이와 어머니를 직접 마주하며 수업해야 하는 상황은 낯설고 큰 부담으로 다가왔다. 하지만 두 아들을 키울 때처럼 사랑으로 말하며, 마음을 다해 성은이에게 천천히 조심스럽게 다가갔다.

꽤 많은 시간이 흐른 뒤, 성은이는 아장아장 걸음마를 시작했다.

"성은아, 엄마 어디 있을까? 엄마 찾아볼까?", "엄마 여기 있네~ 엄마네~ 엄마~!"

성은이는 엄마를 보고 해맑게 웃었다. 성은이의 웃음은 마치 소리의 세상 속으로 한 걸음 더 들어선 듯 맑고 밝았다.

해가 바뀌었지만, 난 여전히 성은이를 계속 지도하기로 했다. 그러던 어느 날, 교실에서 잊지 못할 일이 일어났다. 교실에서 장난감을 정리하던 나는 무심코 혼잣말처럼 말했다.

"불 켜야겠다."

그러자 성은이가 문 쪽으로 아장아장 걸어가 고사리 같은 작은 손으로 스위치를 눌렀다. '찰칵' 소리와 함께 불이 켜지자, 성은이는 환하게 웃으며 말했다.

"불 켰어."

분명 성은이가 한 말이었다. 그 순간, 교실 안은 잠시 시간이 멈춘 듯 고요해졌고, 내 마음은 말로 다 표현할 수 없는 감동과 기쁨으로 가득 찼다. 지금껏 청각장애 아이들을 지도할 때처럼 발성이나 발음 훈련을 한 것이 아니라, 단지 자식을 키우듯 자연스럽게 말을 들려주었을 뿐인데, 성은이가 내 눈앞에서 또렷한 목소리로 말한 것이었다. 온몸에 전율이 흐르고 가슴이 벅차올랐다. 성은이가 한 그 말 한마디는 마치 기적과 같았다. 그동안의 노력과 기다림이 헛되지 않았음을 성은이가 증명해 주었다. 성은이의 '불 켰어'라는 말은 교실 가득 따스한 빛처럼 퍼져 나갔다.

비장애 아이들은 부모의 말과 일상 속 대화를 통해 자연스럽게 말을 배운다. 성은이는 청각장애가 있었지만, 돌이 되기도 전에 인공와우 수술을 받고 '소리의 세계'에 들어올 수 있었다. 덕분에 비장애 아이들과 다름없이 언어발달이 가능했다. 이 사실이 나에게는 믿기 힘들 만큼 놀라운 경험이었다.

성은이를 보며, 조기에 인공와우 수술을 받고 적절한 시기에 언어재활을 진행하면, 청각장애 아이도 비장애 아이처럼 소리를 들으며 자연스럽게 언어발달이 이루어진다는 사실을 깨달았다. 그리고 성은이가 처음 말했던 "불 켰어!"라는 한마디는 지금도 내 마음속에서 밤하늘의 작은 별빛처럼 은은하게 빛난다. 그 순간을 떠올리며, 나는 아이들을 향한 사랑과 소망의 스위치를 켠다.

장애 영역이 바뀐 날

2013년 3월 4일, 초등학교 입학식을 앞두고 어머니가 위독하시다는 연락을 받았다. 눈썹이 날아갈 듯 빠르게 달리는 차 안에서 심장은 쉴 새 없이 뛰었고, 머릿속은 온통 어머니 생각뿐이었다. 늦은 밤 병실에 도착했을 때, 어머니는 이미 깊이 잠들어 계셨다. 혹시나 단잠을 깨울까 조심스레 발걸음을 돌렸다. 이튿날 아침, 다시 마주한 어머니는 전보다 훨씬 야위어 계셨다. 마음이 무척 아팠다. 목말라하시는 것 같아 컵에 물을 담아 빨대를 꽂아 드렸다. 같은 병실의 할머니들이 한목소리로 말씀하셨다.

"지금까지 물을 못 드셨어요."

“그러셨어요? 혹시 드실지도 몰라 드리는 거예요.”

“어제도 숟가락으로 겨우 물 드셨어요. 아마 빨대로는 어려우실걸요.”

할머니의 말이 끝나기도 전에, 어머니는 내가 건넨 물을 빨대로 천천히 들이키셨다. 그 모습을 지켜보던 할머니가 뜻밖이라며 말씀하셨다.

“아이고! 어제도 숟가락으로 겨우 물을 받아 드셨는데, 딸이 주니까 드시네요!”

순간, 가슴 한쪽이 뭉근하게 아려 왔다. 예전의 강인한 어머니와 너무 달라진 모습과 함께 아무것도 해 드릴 수 없는 현실이 더욱 마음을 아프게 했다.

어머니를 잠시 뵙고, 오후 2시 입학식에 참석하기 위해 서둘러 학교로 출발했다. 교감 선생님께서 담임 발표를 하셨고, 나는 1학년 아이들을 맡게 되었다. 아이들과의 첫 만남이기에 무겁고 슬픈 마음은 잠시 접어두고 담임으로서의 마음가짐을 가다듬었다. 본교 유치부를 졸업하고 초등학교에 입학한 헌식이와 1학년에 입학한 민진이를 만나 생활한 지 사흘째 되던 날, 어머니께서 소천하셨다.

그로부터 몇 달 후, 헌식이에게 기적 같은 일이 벌어졌다. 헌식이는 유치부 시절부터 보청기를 착용했으며, 억양을 비교적 잘 따라 했고 어음 변별 능력도 뛰어났다. 그날은 헌식이의 보청기가 고장이 나서 보청기를 착용하지 않고 등교했었다. 그런데 쉬는 시간에 교실에 있는 스피커에서 아주 작은 소리로 ‘아리랑’ 노래가 흘러나오자, 헌식이가 갑자기 노랫말을 따라 불렀다.

"아리랑 아리랑 아라리요, 아리랑 고개를 …"

순간, 나는 내 귀를 의심했다. 보청기도 착용하지 않았는데 이렇게 그 작은 소리를 들을 수 있는지 아무리 생각해도 이해하기 힘든 일이었다.

"헌식아, 아리랑 노래가 들렸어?"

"예"

헌식이는 자신 있게 대답했다. 확인해 보기 위해 스피커 볼륨을 더 낮추며 말했다.

"노래가 들리면 또 따라 해 봐."

잠시 뒤, 헌식이는 작은 소리에 또 반응하며 노랫말을 따라 불렀다.

"나를 버리고 가시는 임은 …"

그 순간 숨이 멎는 줄 알았다. 정말로 헌식이에게 노래가 들리는 것 같았다. 믿기 힘든 일이었지만, 분명한 사실이었다. 그때 헌식이가 청각장애가 아닐 수도 있겠다는 생각이 불현듯 들었다. 어머니께 이 사실을 빨리 알려야겠다고 생각하고 전화기를 들었다. 그때 교실 창문 너머로 익숙한 얼굴이 보였다. 다름 아닌 헌식이 어머니였다. 운동 삼아 집에서 학교까지 걸어왔다가 헌식이가 잘 지내는지 궁금해서 교실에 들렀다고 하셨다.

"어머니, 오늘 헌식이가 스피커에서 나온 아주 작은 노랫말을 듣고 따라 불렀어요."

"정말요? 보청기도 안 끼고 왔는데… 우리 헌식이 가요?"

"예, 그렇습니다. 한번 직접 확인해 보시겠어요?"

나는 어머니 앞에서 조금 전 헌식이에게 들려주었던 것과 같은 낮은 볼륨으로 다시 노래를 들려주었다. 헌식이는 이번에도 똑같이 노랫말을 흥얼거리며 따라 불렀다.

"선생님, 사실은 우리 헌식이가 아침마다 보청기를 안 끼려고 해서 저랑 싸울 때가 많았어요"

그 말을 듣는 순간, 헌식이가 청각장애가 아닐 수 있겠다는 확신이 들었다.

"그랬군요. 기존에 다니던 병원에 가서 청력검사를 다시 받아보는 것이 좋겠어요."

며칠 뒤 청력검사 결과가 나왔고, 헌식이는 청각장애가 아니었다. 청각장애가 아닌 다른 장애로 진단을 받았고, 그날부터 헌식이에게는 몇 년간 사용하던 보청기는 필요가 없게 되었다.

만약 그날 헌식이가 그렇게 작은 소리로 흘러나오는 노랫말을 듣고도 아무런 반응을 보이지 않았더라면 어떻게 되었을까? 그는 어쩌면 여전히 끼기 싫어하는 보청기를 착용한 채 청각장애인으로 살고 있을지도 모른다는 생각에 아찔해졌다. 헌식이가 스피커에서 작게 들려오는 노랫말을 따라 불러준 그 짧은 순간은 분명 기적이었다. 그 작은 반응 하나가 헌식이의 삶을 송두리째 바꿔 놓았다. 돌이켜보면, 그 순간을 놓치지 않은 것이 얼마나 감사하고 다행스러운 일인지를 다시 생각하게 된다.

세월이 흐른 뒤, 나는 6학년이 된 헌식이의 담임교사로 다시 그를 만나게 되었다. 청각장애가 아니라는 판정을 받은 뒤, 초등학교 6학년 과정까지 마치고 졸업할 수는 있지만, 본교 중학교에 진학할 수 없게 되었다. 헌식이의 진학을 앞두고 어머니와 상담했다. 헌식이는 오랫동안 정이 들었던 친구들과 헤어져야 한다는 사실을 많이 아쉬워했다. 결국 헌식이는 인근에 있는 특수학교 중학교로 진학하게 되었다. 초등학교 1학년 때 겪었던 그 기적 같은 순간이 헌식이의 앞날에도 계속 이어지기를 마음을 다해 응원한다.

견물생심

평소에는 없어도 되는 것처럼 느껴지던 것들이 막상 눈앞에 나타나는 순간, 마음이 흔들리며 소유하고 싶은 욕망이 생기곤 한다. 이것이 바로 '견물생심'이다. '견물생심'은 바로 사람이라면 누구나 가질 수 있는 자연스러운 마음이다. 아이들이 때때로 다른 사람의 물건을 한두 번 슬쩍 가져오는 경우가 있는데, 그럴 때는 무조건 훔쳤다거나 도벽이 있다고 단정하기보다, 먼저 아이의 마음과 상황을 이해하려는 태도가 필요하다고 생각한다.

담임을 맡지 않고 고학년 교과를 담당하던 때의 일이다. 사회시간에 색칠 활동을 할 때, 아이들에게 필요한 학용품을 작은 바구니에 담아 두고 수업 시간에 사용하곤 했다.

그러던 어느 날, 3학년 영어 수업 시간이 끝난 뒤에 아이들이 하나둘 교실을 나갔다. 그런데 갑자기 우식이가 나에게 다가와 조심스럽게 색연필을 내밀었다. 내 바구니 안에 담겨 있던 색연필을 나에게 허락도 받지 않고 마음대로 사용하고 돌려주는 것이었다. 평소에 교실에서 아이들에게 학용품을 나누어 주며 함께 사용한 적이 있었기에, 우식이는 '그냥 갖다 써도 괜찮다.'라고 생각한 것 같았다. 나는 이 기회에 우식이에게 다른 사람의 물건을 사용할 때 지켜야 할 예의를 알려주어야겠다고 마음먹었다. 나는 차분하게, 그리고 천천히 수어로 이야기를 건넸다.

"이건 선생님 거야. 네가 사용하고 싶으면 선생님의 허락을 받아야 해. 앞으로는 허락받고 사용해."

"예."

우식이는 씩 웃으며 교실을 나갔다.

몇 년 전 '견물생심'이란 주제로 수업했던 일이 생각났다. 어느 해 도덕 시간이었다.

"여러분, 혹시 다른 사람의 물건을 몰래 훔친 적 있어요?"

순식간에 교실이 조용해졌다. 아이들의 얼굴빛에는 망설임과 긴장이 교차했다. 아이들이 조심스레 눈치를 보는 사이, 나는 먼저 나의 어린 시절의 이야기를 꺼내며 '실수는 누구나 한다.'라는 것을 자연스럽게 알려주었다.

"선생님은 어릴 때 아버지 양복 주머니에서 돈을 몰래 훔친 적이 있어요. 나중에 잘못이란 걸 알고 난 후에는 똑같은 행동을 하지 않았어요."

그 말을 가만히 듣고 있던 아이들의 눈빛이 달라졌다.

"혹시 선생님처럼 이런 것을 경험한 사람 있어요?"

분위기가 조금 누그러졌지만, 여전히 아이들은 눈치를 보며 망설이고 있었다. 그래서 이번에는 작은아들 이야기를 털어놓았다.

작은아들이 초등학교 5학년 때였다. 그때는 체크카드나 신용카드보다는 현금을 더 많이 사용했다. 아파트 1층에 살며 종종 슈퍼에 들러 장을 봤던 나는 식탁 위에 지갑을 올려두는 일이 잦았다.

어느 날부터인지 지갑의 돈이 조금씩 줄어드는 듯한 느낌이 들었지만, 대수롭지 않게 생각했다. 그런데 어느 날, 큰아들이 작은방 책꽂이에서 하얀 봉투 하나를 발견했다.

"엄마, 이 봉투 엄마 거예요?"

"아닌데, 왜?"

"이 안에 제법 많은 돈이 들어있어요."

순간, 지갑에서 돈이 사라졌던 기억이 스쳐 지나갔다. 직감적으로 그 돈은 바로 작은아들이 몰래 내 지갑에서 꺼내 모아둔 것임을 알 수 있었다. 금액이 상당히 컸다. 꽤 오랜 기간 계속된 일임을 짐작할 수 있었다. 당황스러움과 함께 가슴이 철렁 내려앉았다. 자식에게 배신을 당했다는 감정과 화가 뒤섞여 심장이 요동쳤다. 그 순간, 다행스럽게도 작은아들이 집에 없었다. 나는 숨을 고르며 마음을 정리할 시간을 가질 수 있었다.

그때 아주 친하게 지내던 지인의 남편이 경찰서 형사로 근무한다는 사실이 생각나 조언을 구했다. 연락이 닿은 형사님은 이렇게 말씀하셨다.

"아드님을 데리고 경찰서로 오세요. 제가 직접 이야기해 보겠습니다."

집으로 돌아온 아들과 함께 경찰서로 출발했다. 도착하자마자 형사님은 아들에게 의자에 앉으라고 하고, 나보고 밖에서 기다리라고 하셨다.

"도망치면 어쩌죠?"

"걱정하지 마세요. 경찰서에 왔다는 사실만으로도 이미 아드님은 충분히 깨달았을 것입니다."

경찰서 마당에서 아들이 나오기만 기다렸다. 그 시간이 유난히 길게 느껴졌다. 얼마 후, 아들은 고개를 푹 숙인 채 천천히 걸어 나왔다. 형사님은 아들에게 실제 교도소 생활과 그곳에 있는 사람들에 대해 이야기해 주었고, 아들은 자신의 잘못된 행동을 깨달았다고 했다. 이후 아들은 자기 잘못을 깊이 뉘우치며 다시는 그런 일을 저지르지 않았다. 만약 그때 지갑의 돈이 어디로 갔는지 끝까지 알지 못했다면, 아들이 어떻게 되었을지 생각만 해도 아찔하다.

이 일을 통해 나는 결코 간과해서는 안 될 중요한 사실을 알았다. 그건 바로 '아이의 잘못 뒤에는 어른인 나의 책임도 있다.'라는 것이었다. 돈을 식탁 위에 아무렇게나 두었던 나의 부주의때문에, 아들이

돈을 훔치고 싶은 유혹을 느꼈을지도 모른다고 생각하니 괜히 미안
해졌다.

이 이야기를 수업 시간에 들려주자, 아이들의 태도에 작은 변화가
생겼다. 조심스레 손을 들고 하나둘 자기의 경험을 나누기 시작했다.

"저는 엄마랑 슈퍼에 갔을 때 과자 한 봉지를 몰래 가져온 적이 있
어요."

"저도 아버지 양복 주머니에서 돈을 훔친 적이 있어요."

아이들은 부끄러워하면서도 용기를 내어 자기의 잘못된 경험을 이
야기했다. 교실 안은 금세 활기찬 반성으로 가득 찼다.

"어릴 땐 누구나 한두 번쯤은 남의 물건을 훔친 적이 있을 거예요.
하지만 훔치는 일이 반복되면 습관이 될 수 있어요. 그렇다고 한 번의
실수가 무조건 괜찮다는 뜻은 아니에요. 잘못했다는 사실을 깨닫고
다시 반복하지 않는 것이 중요해요."

며칠 후 다준이 어머니로부터 전화가 걸려 왔다.

"선생님, 우리 다준이가 도벽이 있는 것 같아요. 어떻게 해야 할까요?"

통화하면서 다준이가 가족의 물건을 한두 번 몰래 가져간 적이 있
었지만, 도벽은 아니라는 생각이 들어, 어머니께 내 생각을 말씀드렸다.

"다준이에게 도벽이 있는 것 같지 않아요. 그저 한두 번 실수한 것
같아요. 이런 실수는 어른의 관심과 지도로 충분히 바로 잡을 수 있
어요. 너무 걱정하지 마세요. 제가 잘 이야기해 보겠습니다."

통화를 마친 뒤, 나는 다준이를 조심스럽게 불러 집에서 있었던 일
을 이야기하며 자기의 행동을 돌아보게 했다. 다준이는 자기 행동을

진지하게 반성하며 다시는 그러지 않겠다고 약속했다.

며칠 뒤 어머니에게 다시 연락했을 때, 다준이가 더 이상 물건을 훔치지 않고 잘 지내고 있다는 소식을 들었다. 다준이 어머니가 다준이를 도벽이라고 단정하지 않고, 미리 나에게 연락해 주신 사려 깊은 행동이 다행스럽고 감사하게 느껴졌다.

전학 온 두 아이

신학기가 시작되고, 이번에는 어느 학년을 담임하게 될지 궁금해하며 학교로 출근했다. 그런데 뜻밖에도 저학년 때 만났던 아이들이 어느새 5학년 되어 내 앞에 서 있었다. 몸과 마음이 훌쩍 자란 아이들을 보니, 시간이 쏜살같이 흘렀다는 사실에 놀라움과 반가움이 함께 밀려왔다.

수업을 이어가던 어느 날, 다른 학교에서 필준이라는 아이가 전학을 왔다. 필준이는 보청기를 착용하고 있었고, 구어로 자기 생각을 표현하는 데 어려움이 있었으며, 의사소통도 쉽지 않은 상태였다. 낯선 환경에서 친구들과 잘 지낼 수 있도록 세심하게 관심을 기울이며, 현재 학습 수행 능력을 살핀 뒤 그에 맞춰 개별화 교육계획을 세웠다.

아직 한글도 제대로 익히지 못한 필준이에게 기초부터 하나씩 차근차근 가르치기로 했다. 낱말 그림 카드를 보며 단어의 개념을 익히게 한 뒤, 그것을 낱말과 수어와 연결해 알려주고 어느 정도 이해할 수 있게 되면 익힌 낱말을 직접 공책에 써 보게 하는 활동을 진행했다. 시간이 지나면서 필준이는 점차 학교생활에 적응했고, 학습에도 작은 변화들이 하나씩 눈에 보이기 시작했다. 필준이의 어머니는 재활원에서 생활하고 있는 아들을 집으로 데리고 가기 위해 학교에 오셨다.

어느 날, 어머니는 전학해 오기 전과는 사뭇 달라진 필준이를 보고 감격하며 말씀하셨다.

"선생님, 우리 필준이가 이렇게 낱말을 혼자 외워 쓸 줄 몰랐어요. 제가 눈물이 다 나네요."

"점점 더 좋아질 거예요."

새로운 학교에서 아들이 점차 자신감을 얻고 성장하는 모습을 확인한 어머니는 학교 교육에 큰 만족감을 드러내셨다.

"성심 학교로 전학을 참 잘했다는 생각이 들어요."

그런데 어머니는 무언가 말하고 싶은 듯 잠시 머뭇거리시는 것이 눈에 띄었다.

"어머님, 저에게 하시고 싶은 말씀이 있으신가요? 어떤 이야기든 괜찮으니 말씀해 보세요."

"선생님, 우리 필준이처럼 청각장애가 있는 아이가 또 있는데, 그 아이도 혹시 성심 학교로 전학할 수 있을까요?"

"예. 가능해요."

"그런데 그 아이는 필준이와 매우 달라요. 집에서도, 학교에서도 말을 잘 안 듣는 천방지축이에요. 그래도 가능할까요?"

"그럼요. 먼저 그 아이 부모님께 아이와 함께 학교에 오셔서 상담해 보시라고 전해주세요."

며칠이 지난 뒤, 필준이 어머니께서 말씀한 그 아이의 부모님은 아이와 함께 학교를 찾아왔다. 교무실에서 상담을 시작했다. 아이는 교장 수녀님과 교감 선생님이 계신 자리에서도 가만히 있지 못하고 소파 위를 오르내리며 장난을 쳤다. 지금까지 전학 상담을 많이 했지만, 그날의 상황은 모두에게 낯설고 놀라운 광경이었다. 한마디로 천방지축이었다.

상담을 마치고 우리는 아이의 전학에 관해 회의를 진행했다. 결국 아이가 부모와 함께 지내기보다는 재활원에서 생활하며 학교에 다니는 것이 아이에게는 물론이고 가족에게도 더 좋겠다고 결론을 내렸다. 그렇게 하여, 그 아이는 우리 학교로 전학을 오게 되었다. 하지만 전학 후 학교에 적응하는 과정은 쉽지 않았다. 자기 마음에 들지 않으면 큰 소리로 울고, 친구를 괴롭히기도 했다. 방과 후 활동 시간에는 고래고래 소리를 지르며 운다는 이야기가 자주 들려오곤 했다.

전학 온 아이는 성길이었다. 몇 달이 지나 겨울방학이 시작되었고, 이듬해 성길이는 학년이 바뀌었다. 나는 그해 담임을 맡지 않고 교과

전담으로 영어를 가르치게 되었다. 상담 때 잠깐 만났던 성길이를 교과실에서 수업 시간에 다시 만나게 되었다. 이전까지 친구를 괴롭히기도 하고, 마음에 들지 않으면 소리 지르며 울곤 했던 성길이가 새 학년이 되면서 놀라운 변화를 보여주었다. 늘 화가 난 듯 얼굴을 찡그리고 다니던 성길이는 환한 웃음으로 사람들과 소통하기 시작했다.

그 무렵, 성길이는 친구 이름도, 담임 선생님 이름도 스스로 쓰고 말할 수 있게 되었다. 교과 전담 교사인 내 이름도 기억하고 지문자로 또박또박 표현했다. 영어 시간에는 알파벳을 배우고 간단한 인사말을 익히면서 두 눈을 크게 뜨고 스스로 감탄하기도 했다. 외래어를 배우는 시간에는 자신이 이미 알고 있던 단어들이 영어라는 사실에 큰 흥미를 보였다. 'bus', 'pizza', 'cup' 같은 단어를 익히며 기뻐하는 모습은 참 사랑스러웠다. 숫자를 세고, 색깔을 표현하며 호기심을 키워 가는 성길이의 하루하루는 내게 늘 새롭게 다가왔다.

성길이는 인공와우 수술로 어느 정도 소리를 들을 수 있었지만, 표현 언어는 여전히 제한적이었다. 영어 발음도 정확하지 않아 지문자를 활용해야 했다. 하지만 그는 수업 시간마다 성실하게 최선을 다하는 모범생이었다. 가끔 복도에서 선생님들이 성길이를 칭찬하는 소리가 교실까지 들려왔다.

"와! 성길이가 많이 달라졌네! 웃으니까 참 예쁘다!"

성길이가 조금씩 주변 사람들과 마음을 나누며 성장하고 있음을 실감했다. 내 마음도 덩달아 행복해졌다.

여름방학을 며칠 앞둔 어느 날, 영어 수업 시간에 있었던 일이다.

지난 시간에 배운 단어를 복습하기 위해 뜻이나 그림 없이 카드만 제시했다.

「bus, cup, two, pizza, ten, red, blue, book, hand, orange, zipper, run, walk, …」

단어를 하나씩 제시될 때마다 성길이는 눈을 반짝이며 쳐다보았다. 그러더니 갑자기 말했다.

"선생님, 저 이거 알아요."

그리고 단어를 또박또박 읽어나가기 시작했습니다. 'book'을 가리키며 물었다.

"이거 무슨 뜻인지 알아?"

"책!"

"우와! 그럼 'hand'는?"

성길이는 잠시 생각하더니 알았다는 듯 손뼉을 치며 자기 손을 가리켰다. 스스로 영어 단어를 읽고 뜻까지 설명할 수 있다는 사실에 놀란 성길이는 환하게 웃었다. 나는 기쁜 마음으로 하이 파이브를 하며 칭찬했다. 그러자 성길이는 두 팔을 번쩍 들고 외쳤다.

"만세~!!"

그 순간, 교실은 말로 다 표현할 수 없는 기쁨으로 가득했다. 성길이가 외친 '만세'는 자기의 노력으로 이루어 낸 성장에 대한 자신감의 선언처럼 느껴졌고, 그 모습에 나는 한없이 고마움과 뿌듯함, 그리고 깊은 행복을 느꼈다.

스승의 날, 포근한 행복

매년 5월, 스승의 날이 다가오면 나는 자연스레 지난 시간을 되돌아보게 된다. 지금까지 나에게 참된 스승이 되어 주신 손길과 그 속에서 배운 소중한 가치들이 떠오른다. 한편, 내가 만나고 있는 아이들에게 진심으로 다가가고 있는지, 아이들에게 소중한 가치를 심어 주고 있는지, 또한 참된 스승의 길을 가고 있는지 생각해 보는 시간을 갖는다.

한 사람의 삶에 길을 비춰주는 교사란 존재는 단순한 지식의 전달을 넘어, 인생의 방향을 제시하고 꿈과 생각을 일깨워 주는 역할을 한다. 그래서 이날은 내가 하는 일의 의미를 다시 한번 생각하게 해 주는 특별한 시간이었다.

2022년 5월 15일 일요일 새벽, 잠결에 휴대전화를 확인하니 사랑하는 제자에게서 카톡이 와 있었다.

「선생님, 스승의 날 축하드려요. 그리고 사랑해요.」

시간은 새벽 5시 19분.

'왜 이렇게 일찍 일어났을까? 혹시 어디 아픈 건 아닐까?'

재활원에서 함께 지내던 후배가 코로나 확진 판정을 받은 후 서로 격리 중이라는 사실이 떠올라 걱정이 밀려왔다. 서둘러 답장을 보냈다.

"혼자 격리되어 있어서 힘들지? 어디 아파?"

"목이 조금 아파요."

선진이는 목이 아파 불편한데도, 스승의 날임을 알고 담임이었던 나에게 감사 인사를 전하려고 카톡을 보낸 것이었다. 이른 새벽, 선진이의 따뜻한 마음이 고스란히 전해져 잔잔한 감동이 밀려왔다. 짧은 한 줄의 내용이었지만, 그 안에는 세상 무엇과도 바꿀 수 없는 진심이 담겨 있었다. 그날은 선진이가 얼른 회복되기를 바라는 마음과 함께, 하루 내내 마음이 포근하고 행복했다.

저녁을 준비하던 중, 또 한 번 카톡 알림이 울렸다. 직감적으로 주혜일 것 같았다. 매년 스승의 날이면 잊지 않고 감사의 인사를 보내주곤 했기 때문이다. 화면을 켜자마자 익숙한 이름이 눈에 들어왔다.

「선생님, 안녕하세요? 김주혜입니다. 성심을 졸업한 지 얼마 되지 않은 거 같은데 어느새 여섯 번째 스승의 날 감사 인사를 드리게 되었어요. 앞으로도 감사한 마음 잊지 않는 주혜가 될게요. 항상 그 자리에

건강한 모습으로 계셔 주세요. 지금의 제가 있는 건 선생님의 따뜻한 가르침 덕분이에요. 항상 존경하고 사랑합니다. 주님의 축복이 가득해지시길 바랍니다.」

　문장을 읽어 내려가며, 내 마음이 행복함으로 몽글몽글해졌다. 유치부 때 꼬마였던 주혜가 이제는 감사의 마음을 조리 있게 전하는 어엿한 청년이 되어 있었다.

　주혜는 20여 년 전, 청주에서 만났던 아이였다. 그 시절 아이들은 오전에는 일반 유치원에서 통합수업을 받고, 오후엔 파견 학급으로 돌아와 배움을 이어갔다. 주혜 어머니는 언제나 주혜 곁을 지키며 수업에 함께 참여하셨다. 내가 하는 말을 꼼꼼히 공책에 적어 집에서 지도해 주셨다. 가정에서의 꾸준한 반복 학습 덕분인지, 주혜의 의사소통 능력은 눈에 띄게 좋아졌다. 주혜의 성장은 나에게 큰 보람이 되었고, '아이를 가르치는 일은 가정과 학교가 함께할 때 더욱 빛을 발한다.'라는 사실을 다시 깨닫게 해 준 소중한 경험이었다. 유치부를 졸업한 주혜는 일반 초등학교에 입학했고, 중학교 때 다시 본교로 돌아와 고등학교를 졸업한 뒤 대학교 특수교육과에 진학했다.

　몇 해 전, 교생 실습생으로 다시 학교를 찾아온 그녀를 처음 마주했을 때, 말로 다 표현할 수 없을 만큼 마음이 벅찼다. 실습 마지막 날, 단상 위에서 인사말을 전하던 주혜의 모습은 눈부시게 빛나고 있었다. 조용하지만 또렷한 목소리, 부드럽고 진심 어린 눈빛 속에는 오랜 시간 품어 온 감사와 꿈이 오롯이 담겨 있었다. 그 순간, 나는 그녀의 마음속에 교사라는 또 하나의 열매가 맺히는 소리를 듣는 듯했다.

실습을 마친 후, 주혜는 교실에 들러 음료수를 건네며 말했다.

"선생님, 초등부 선생님들과 나눠 드세요. 그동안 정말 감사했습니다."

그때 복도를 지나가시는 교감 선생님께 여쭸다.

"교감 선생님, 주혜가 감사하다고 음료를 가져왔는데 받아도 될까요?"

"그럼요, 오늘은 실습 마지막 날이잖아요."

교감 선생님의 미소에 안심하며 음료를 받았다. 작은 정성이었지만, 그 안에 담긴 진심 어린 마음은 나를 행복하게 만들었다.

"고맙다, 주혜야, 잘 자라줘서 고맙고, 예비 교사로서도 멋지게 생활해 줘서 더 고마워."

그녀를 꼭 안아주었다.

퇴근 후, 주혜 어머니에게서 뜻밖의 전화가 걸려 왔다. 전화 너머 어머니의 목소리에는 잔잔한 감동이 배어 있었다.

"선생님, 유치부 때 잘 가르쳐 주셔서 우리 주혜가 이렇게 바르게 잘 자랐어요. 정말 선생님 덕분이에요. 늘 감사드려요."

통화가 끝난 뒤에도 마음 한편에 오래도록 따뜻한 감동의 온기가 남아 있었다. 마치 구들방에 앉아 있는 듯한 따뜻함이 계속 느껴졌다.

마음에 심은 책, 삶에 맺힌 열매

책은 시간이 흘러도 빛을 잃지 않는 마음의 등불이다. '사람은 책을 만들지만, 책은 사람을 만든다.'라는 말에서 알 수 있듯이, 한 권의 책은 누군가의 인생을 바꾸고, 책 속 한 줄의 문장은 누군가의 삶을 버티게 하는 힘이 되기도 한다. 그래서 아이들에게 책을 건넬 때마다 작은 소망이 생긴다. 언젠가 그 책이 아이의 마음속에 조용히 뿌리내려, 삶의 길에 비춰주는 등불이 되기를 바라는 작은 소망이다.

20여 년 전, 유치부 졸업반 담임이었던 나는 아이들에게 책을 선물해 주었다. 그때 건네준 책을 세월이 지난 지금까지도 가지고 있다는 사실을 알았을 때 참 감사했다. 책 한 권과 아이와 나 사이에 켜켜이 쌓여 있는 아름다운 추억을 꺼내어 본다.

어느 날, 저장되어 있지 않은 낯선 번호로 전화 한 통이 걸려 왔다. 평소와 다르게 전화를 덥석 받았다.

"선생님, 안녕하세요? 저 20여 년 전에 유치부 졸업한 김바다 엄마입니다. 바다 기억하시죠?"

"그럼요, 당연히 기억하지요. 반갑습니다."

"선생님, 바다가 특수교육학과를 졸업하고 교원 임용시험에 합격했어요. 지금은 특수학교 발령을 기다리고 있어요."

일곱 살이던 바다가 특수 교사가 되어 발령을 기다리고 있다는 반가운 소식에 나는 감동했다.

"정말 대견하고 자랑스럽네요. 축하드려요."

진심이 담긴 축하의 말을 전할 때, 마음속 깊은 곳에서 감동과 기쁨이 살포시 고개를 들었다.

바다는 유치부 시절 보청기를 착용했지만, 청력이 매우 좋지 않아 주로 입 모양을 읽는 독화로 의사소통하며 지냈다. 수업 시간 내내 집중하여 바라보던 바다의 초롱초롱한 눈빛은 지금도 생생하다. 그 눈빛에는 '놓치지 않겠다.'라는 배움의 열정이 가득했다. 유난히 독화력이 뛰어났던 바다는 놀라울 만큼 수업을 잘 따라왔고, 유치부를 졸업한 후, 일반 초등학교에 진학해 통합교육을 받으며 성장했다. 어머니는 바다의 임용 소식을 들었을 때, 그 어떤 일보다 기뻤지만, 막상 딸이 교사로서 첫걸음을 내딛게 되니 걱정이 앞선다고 하셨다. 그러면서 20여 년 전 담임이었던 내가 생각나 연락했다고 하셨다. 세월이 흘러도 누군가의 기억 속에 교사로 남아 있다는 건 얼마나 큰 축복인지 모른다. 통화를 이어가던 중, 어머니는 오래된 추억 하나를 꺼내셨다.

"선생님, 바다가 유치부 졸업할 때 책 선물해 주신 거 기억하세요?"

나는 그 일을 까맣게 잊고 지내왔다. 그런데 더 놀라운 사실은 바다가 아직도 그 책을 고이 간직하고 있다고 했다. 잠시 후 어머니가 보내온 사진 속에서, 그 시절 내가 바다에게 적어줬던 편지를 보았다. 그제야 졸업 선물로 책을 선물한 것이 생각났다. 손 편지를 읽었다.

「사랑하는 바다에게. 예쁜 바다야, 아름답고 예쁜 동시처럼 예쁘게 잘 자라거라. 책 많이 읽고 훌륭한 사람이 되어 이다음에 다시 만나자. 우리 바다는 학교생활 잘해 나갈 거라고 선생님은 믿는다. 20**. 1. 21. 널 아주 많이 사랑하는 정서인 선생님이」

오래된 추억이 따뜻한 봄바람이 되어 부드럽게 나를 감쌌다. 유치부 졸업 선물로 건넸던 그 책을 20년이 넘도록 간직해 왔다는 사실에, 바다의 마음이 고스란히 느껴져 고마웠다. 책이 바다에게 큰 힘이 되었다고 하셨다. 그때 졸업 선물로 '책 건네준 일을 참 잘했다'라는 생각이 들었다.

현재 바다는 특수학교에서 아이들을 사랑으로 품어주는 교사가 되

어 생활하고 있다. 바다에게 건넸던 한 권의 책이 단순한 졸업 선물에
그치지 않고, 마음속에 오래 머물며 살아가는 데 큰 힘이 되었다고 생
각하니 가슴이 뭉클해졌다. 바다는 책을 통해 언어의 아름다움을 배우
고, 세상과 소통하는 힘을 길렀다고 했다. 나는 지금도 종종 아이들에
게 책을 선물하곤 한다. 그 책들이 언젠가 바다처럼 세상과 소통하는
힘이 되길 바라면서.

한 아이의 그림, 나의 회복

유치부 교실에는 언제나 아이들의 해맑은 웃음소리와 크레파스 냄새가 가득했다. 매일 비슷하게 흘러가는 듯했지만, 그중에서도 오래도록 잊히지 않는 하루가 있다. 그 기억은 오랜 세월이 흐른 뒤, 올해 내가 그림을 배우게 된 순간과 자연스럽게 이어졌다. 오래도록 닫아 두었던 마음의 문을 조금씩 열며, 오래전 내 마음의 상처와 마주할 용기를 내어 한 걸음씩 앞으로 나아가고 있다. 33년 전 아이들의 그림을 바라보며 느꼈던 그날의 장면들이 파노라마처럼 스쳐 지나갔다.

유치부 교실에서 아이들과 함께 '좋아하는 동물 그리기'를 하던 그 순간이 아직도 선명하다. 나는 이전 시간에 배웠던 동물들의 사진을 한 장씩 보여주며 아이들에게 물었다.

"이 동물 이름은 뭐예요?"

"강아지", "토끼", "고양이", "오리"….

"우와! 이름을 다 알고 있네. 이번 시간에는 여러분이 가장 좋아하는 동물을 스케치북에 그려 보세요."

"와~"

아이들의 맑은 웃음소리가 교실 가득 퍼졌다. 스케치북과 크레파스를 받은 아이들은 신나게 동물을 그린 뒤에 크레파스로 색칠하기 시작했다. 그중에서도 유난히 그림 그리기를 좋아하는 지욱이가 가장 먼저 크레파스를 쓱쓱 움직여 그림을 완성했다.

"네가 좋아하는 강아지구나!, 귀와 꼬리 멋있게 잘 그렸어."

나는 진심을 담아 지욱이가 그린 그림을 칭찬해 주었다. 기분이 한껏 좋아진 지욱이는 어깨를 으쓱하며 뒤에 앉아 있던 어머니에게 그림을 보여주려고 자리에서 일어났다. 지욱이가 그림을 어머니께 보여주자마자, 어머니가 한 말이 내 귓전을 때렸다.

"이게 뭐니? 강아지 귀랑 꼬리가 이렇게 생기지 않았잖아."

당황했다. 당연히 지욱이의 노력을 칭찬해 줄 거로 생각했는데….

지욱이의 표정이 금세 굳어버렸다. 지욱이 어머니는 지욱이의 스케치북에다 강아지를 그려 주며 말했다.

"강아지는 이렇게 그려야 해."

지욱이는 시무룩해졌고, 금방이라도 눈물이 터질 듯한 표정이었다.

그 모습을 보는 순간, 마음 한구석에서 잊고 있었던 오래된 기억이 불현듯 되살아났다.

고등학교 시절, 미술 시간의 일이다. 선생님은 학생들이 구성한 작품을 칠판 앞으로 세워두고 하나씩 살펴보시며 점수를 매기셨다.
"이건 잘 그렸네!"
그림을 하나하나 가리키며 선생님은 잘된 작품부터 골라 나가기 시작하셨다. 나는 선생님의 손끝을 바라보며 조마조마한 마음으로 기다렸다. 시간이 흘러 친구들의 그림이 거의 다 선택되어 갔다. 내 작품은 여전히 선생님의 손에 닿지 않았다. 마지막 몇 장 남았을 때, 선생님은 남아 있는 그림 중 내 그림을, 가르침대로 툭툭 치면서 말씀하셨다.
"이것도 구성이라고 한 거니?"
그 순간, 얼굴이 화끈거려 고개를 들 수가 없었다. 나의 자존심을 무참히 짓밟는 듯한 느낌이 들었다. 그날 이후, 나는 미술 자체를 싫어하게 되었고, 심지어 다가오는 미술 시간이 두렵기까지 했다. 그때의 두려움과 상처는 오랜 시간이 흘러가도 마음 한구석에 고스란히 남아 있다.

나의 고등학교 미술 시간에 있었던 기억이 다시 눈앞에 겹쳐 떠올랐다. 지욱이가 어머니에게 들은 그 말 한마디가 혹시라도 꿈 많던 나의 여고 시절처럼 지욱이에게 상처로 남지 않을까 걱정되었다. 그냥 지나칠 수가 없었다. 용기를 내어 조심스럽게 어머니께 말씀드렸다.

"저는 여고 시절에 선생님께서 하신 말로 상처받고 미술을 싫어하게 된 적이 있어요. 지금까지도 제 마음에 깊은 상처로 남아 있어요. 그래서 교사가 된 후엔 아이들이 그림으로 표현한 것은 있는 그대로 존중하기로 다짐했어요. 특히, 어린아이의 그림은 평가나 수정의 대상이 아니라, 그 자체로 칭찬받아야 한다고 생각해요."

어머니는 내 이야기를 들으며 연신 고개를 끄덕이셨다.

"그런 일이 있으셨군요!"

덧붙여서 전했다.

"지욱이가 그린 이 강아지의 그림을 있는 그대로 인정해 주는 것이 좋을 것 같아요. 제 눈에는 지욱이가 그림에 소질도 있어 보여요."

지욱이 어머니는 내 말을 듣고 난 다음, 지욱이에게 다가갔다.

"지욱아, 멋지게 잘 그렸어. 조금 전에 엄마가 화내서 미안해."

잠시 일그러졌던 지욱이의 얼굴이 다시 환하게 밝아졌다.

그날 이후 지욱이는 그림을 더욱 좋아하게 되었고, 자신감에 차 있었다. 몇 달 뒤 열린 교내 사생대회에서 상까지 받는 기특한 모습을 보여주었다.

가끔 생각한다. 만약 그날 어머니가 지욱이의 그림을 끝까지 부정적으로 평가했다면, 과연 지욱이는 그림을 즐기며 자신의 세계를 마음껏 그릴 수 있었을까? 아이가 그린 한 장의 그림 속에는 아이의 꿈과 생각, 그리고 아직 말로 다 표현하지 못한 마음도 담겨 있다. 나는 아이들이 자기의 생각을 그림과 색으로 마음껏 펼칠 수 있도록 잠잠히 아이들 곁을 지킨다.

40년이라는 긴 세월이 흐른 어느 날, 학교 소통 메신저에서 '동호회 모집 공지'를 보게 되었다. '여행 드로잉(미술)'이라는 단어가 눈에 들어오는 순간, 마음 한편에 남아 있던 오래된 상처가 떠올랐다. 망설임도 컸지만, 이번만큼은 그 상처와 마주하고 싶었다. 용기를 내어 문을 두드렸다.

수녀님의 지도와 함께했던 동료 선생님들의 따뜻한 격려는, 오래 굳어 있던 상처 난 내 마음을 조금씩 회복시켜 주었다. 그분들의 응원 속에서 처음으로 파스텔을 손에 쥐고 조심스럽게 색을 칠하기 시작했다. 처음엔 서툴고 엉성하기 짝이 없었다. 시간이 지나면서 오래전 패인 마음의 상처가 조금씩 치유되는 느낌이 들었다. 파스텔을 고르는 손끝에는 어느새 자신감이 생겼고, 손이 망설임 없이 자유롭게 움직이고 있다는 사실은 나에게 놀라움이자, 큰 위로였다.

이번 경험을 통해, 나는 과거의 상처에서 벗어나 한층 가벼운 마음으로 살아가고 있다. 상처를 회복하기 위해 다시 그림을 마주한 용기에 박수를 보낸다. 이 작은 용기가 앞으로 내 삶에 어떤 이야기를 더해 줄지, 설렘과 기대를 안고 지켜보고 싶다.

도전을 향한 발걸음

학교 연구실에 전화벨이 울렸다.

"충주성심학교 정서인입니다."

"선생님, 저 조이 아빠예요. 기억하시지요?"

수화기 너머로 들려오는 목소리는 오래전 유치부 시절, 아이와 함께 매일 학교를 오가며 교실에서 함께 지냈던 학부모였다. 아직도 내가 학교에서 아이들과 함께 지내고 있을 것 같아 전화를 걸었다고 하셨다. 반가운 마음에, 한때 꼬마였던 조이가 지금은 어디에서 무엇을 하고 지내는지 궁금해졌다. 조이가 혼자 뉴질랜드로 건너가 직장생활하고 있다는 소식을 듣고는 놀라움과 함께 마음이 뭉클해졌다.

몇 년 뒤. 조이 아버지에게서 다시 연락이 왔다.

"선생님, 조이 유치부 때 기록한 생활기록부와 청력검사 기록이 있을까요?"

"생활기록부는 영구 보존 자료라 문서고에 있을 겁니다. 청력검사 결과가 생활기록부에 있는지는 확인이 필요합니다. 혹시 필요한 이유를 여쭤봐도 될까요?"

"조이가 뉴질랜드 비자를 진행하면서 건강 관련 항목을 잘 설명해야 한 대요. 그때 참고하려고 하는 것 같습니다."

30년 전의 유치부 생활기록부를 찾아냈다. 컴퓨터가 없던 시절이라 모든 기록은 손 글씨로 남아 있었다. 글씨 하나하나를 읽어 내려가다 보니, 나는 어느새 지난 시간의 기억 속으로 빠져 들었다. 조이는 유치부 때 보청기를 착용하고 있었고, 아버지와 함께 학교에 다니면서 성실하게 수업에 참여했고, 시간이 흐르면서 발음은 점점 또렷해졌으며 말도 제법 잘했다.

유치부를 졸업한 뒤에는 초 · 중 · 고등학교까지 일반 학교에 다녔다. 조이는 그때 힘들었던 점을 토로했다. 개인보다 단체를 우선시하는 문화 속에서 버티고 적응하는 일이 쉽지 않았고, 상황을 제대로 이해하지 못해 엉뚱한 행동을 하기도 했다. 그런 일이 반복되면서 자존감이 많이 낮아졌지만, 친구의 도움으로 잘 견뎌냈다. 또한 하루하루를 견뎌낼 수 있었던 것은 '넌 뭐든지 다 할 수 있다.'라고 믿어준 부모님의 말씀이 생활하는 데 큰 힘이 되었다고 했다. 쉽지 않았을 학창 시절을 묵묵히 견뎌낸 조이가 대견하고 기특하게 느껴졌다.

얼마 전, 조이와 다시 연락이 닿아 근황을 주고받았다. 조이는 경찰 행정학과를 졸업한 뒤, 곧바로 한국을 떠나 캐나다와 호주, 뉴질랜드를 오가며 다양한 삶의 경험을 쌓아왔다고 했다. 다른 나라 사람들과 어울리며 그들이 바라보는 장애 문화와 사회에 관한 이야기를 듣는 과정에서 시야가 많이 넓어졌다고 했다. 단순한 호기심에서 시작된 만남이 어느새 자신의 마음과 생각의 폭을 넓혀 준 소중한 배움이 되었다는 말이 인상 깊었다.

"조이야, 혼자 타국에서 생활하며 도전하는 네가 정말 대단해, 그 용기가 부러워."

"아니에요. 누구나 다 할 수 있는 일이에요. 저는 그때 정말 간절했거든요. 간절하니까 용기가 생기더라고요."

무슨 일이든지 할 수 있다는 믿음을 가지고 헤쳐 나가는 조이의 강인한 정신에 절로 감탄이 나왔다. 어떤 일이든 주저하지 않고 도전하는 조이의 모습이 참 부러웠다.

작년에는 서울에서 청각장애 예비 초등학생 학부모를 대상으로 '초등학교 함께 준비하기'라는 주제로 강의를 한 적 있다. 올 3월 입학을 앞둔 자녀들의 초등학교 생활을 어떻게 준비하면 좋을지에 대해 학부모들에게 도움을 드리고자 마련한 자리였다.

졸업한 지 오랜 시간이 흘렀지만, 나는 조이에게 청각장애가 있는 상태로 일반 초등학교에 다니며 어떤 경험을 했는지, 또 입학을 앞둔 청각장애 아이들의 학부모에게 어떤 조언을 해 주고 싶은지 질문을 건넸다. 조이는 차분하게 자기 경험을 담은 답을 보내왔다.

"수업 시간에 친구들이 돌아가면서 글을 읽을 때 저는 늘 헤맸어요. 누가 어느 부분을 읽고 있는지 알 수 없어 정말 힘들었어요. 그래서 제 차례가 되면 짝꿍에게 미리 알려달라고 부탁한 적도 있어요. 자녀가 학교 생활하는 데 있어 친구의 도움이 필요하다고 느껴진다면, 주저하지 말고 당당하게 요청하되, 겸손한 태도로 도움을 청하는 마음가짐이 필요하다고 생각해요."

조이가 보낸 메시지를 읽으며, 그동안 그녀가 학교생활 속에서 얼마나 힘겹게 버텨 왔을지를 짐작할 수 있었다. 마음 한편이 찡하게 저렸다.

불과 몇 달 전, 나는 서울에서 청각장애 학부모를 대상으로 '청각장애 자녀 사춘기 이해하기'라는 주제로 강의를 또 진행하게 되었다. 강의안을 준비하면서 조이에게 부탁했다.

"청각장애가 있는 아이가 사춘기를 맞이했을 때, 부모님께 조언해 준다면 어떤 말씀을 하고 싶니?"

조이는 차분하고 따뜻한 답을 보내왔다.

"항상 자녀와 대화의 문을 열어 두고, 자녀가 원하는 것이 공감인지, 위로인지, 해결책인지 구분하며 꾸준히 대화하면 좋겠어요. 그리고 자녀의 꿈과 희망을 장애 유무와 연관 지어 한계를 정하기보다는, 자녀에게 다양한 경험을 할 수 있는 환경 속에서 성장할 수 있도록 도와주는 것이 중요하다고 생각해요.”

조이의 메시지를 읽으며, 나의 질문에 정성껏 답해 주려는 그녀의 따뜻한 마음이 그대로 전해져 고마웠다.

몇 년 전. 나는 인생 첫 공저인 『괜찮은 오늘, 꿈꾸는 나』의 출간 소식을 조이에게 전했다. 조이는 진심으로 나의 책 출간을 축하해 주었다. 나는 은퇴 후 책을 쓰고 싶다고 말한 조이에게 이렇게 말했다.

“은퇴해서도 쓸 수 있지만, 지금 글을 써도 돼. 도전해 보렴.”

조이는 곧바로 답을 보내왔다.

“요즘 저는 책 쓰라는 말을 정말 많이 들어요. 그래서 매일 기록하고 있어요. 일기처럼요. 때로는 메모장에다 매일매일 적고 있어요.”

세계를 향해 눈을 넓히던 조이는 어느새 의젓한 청년으로 성장했고, 현재 뉴질랜드에서 헬스케어 분야에서 노인과 정신건강, 장애인을 위한 일을 하고 있다고 한다. 언젠가 조이의 살아온 이야기가 한 권의 책으로 세상에 나오게 되길 소망해 본다.

Part 5

교사로서 꼭 챙기고 싶은 마음의 리스트

먼저 마음을 정돈하고,
말보다 공감과 경청을
꺼내든다.

오늘도 나는
아이의 마음을
조심스레 마주한다.

교사가 건네는 말

교사는 아이들을 가르치는 단순한 역할을 뛰어넘어, 아이들의 마음과 성장을 이끌어 주는 안내자이다. 그렇기에 교사가 아이들에게 건네는 한마디 한마디 말은 생각하는 것보다 훨씬 더 큰 영향력을 지니고 있다. 교사의 격려 한마디는 아이들에게 힘이 되기도 하며, 하고자하는 의욕과 용기를 북돋아 준다.

반대로 무심코 던진 말 한마디가 아이들의 마음을 다치게 하거나 학습 의욕을 잃게 만들고, 교사에 대한 신뢰를 깨뜨릴 수도 있다. 따라서 교사가 하는 말은 아이들의 행동과 감정뿐만 아니라, 자신을 대하는 태도까지도 변화시킬 수 있을 만큼 아이들에게 끼치는 영향은 매우 크다고 할 수 있다.

『성공한 사람들의 7가지 습관』의 저자 스티븐 코비는 "사람과의 관계를 맺을 때, 말은 칼과 같다. 신중하게 사용하지 않으면 자신과 타인 모두에게 상처를 준다."라고 말했다. 말은 단순히 생각을 전달하는 도구가 아니라, 신중하지 않으면 서로에게 큰 상처를 남길 수 있는 파괴력을 지니고 있다는 뜻이다.

교사로 부임한 지 얼마 되지 않았을 무렵, 무심코 던진 나의 말 한마디가 스티븐 코비의 말처럼 한 아이에게 칼이 되어 상처를 준 일이 있었다.

지금으로부터 30여 년 전, 1학년 담임을 맡고 있을 때였다. 반 아이 중 유난히 청력이 좋지 않아 대부분 독화로 의사소통하는 해수가 있었다. 국어 시간에 낱말 익히기 활동을 마치고 서술 받아쓰기를 하던 중 일이 벌어졌다. 내가 불러주는 말을 해수는 받아서 썼고, 나는 채점을 해보니, 해수는 10문항 중 1문제만 틀렸다. 해수는 내가 불러준 말이 '먹었습니다.'가 아니라 '먹었어요.'였다고 계속 주장했다. 나는 내가 불러준 말이 '먹었습니다.'라고 여러 번 설명했지만, 해수는 내 말을 끝까지 인정하지 않았다. 그때 나는 해수가 왜 그렇게까지 자기 말이 맞는다고 주장하는지 이해하지 못했다. 입학한 지 얼마 되지 않았고, 또 독화가 의사소통의 전부인 해수에게는 '먹었습니다.'와 '먹었어요.'라는 말을 입 모양만으로 구분하는 일이 얼마나 어려운 일이었는지를 훗날 깨닫게 되었다. 점심시간이 가까워 질수록 나는 마음이 점점 조급해졌고, 결국 하지 말아야 할 말을 해수에게 하고 말았다.

"너, 밥 먹지 마!"

순간의 감정에 휩싸여 내가 무심코 던진 말이었다. 해수는 아무 말 없이 고개를 푹 숙인 채 교실을 나갔다.

지금 돌이켜 보면, 그때 내가 한 말은 어린 해수의 마음에 큰 상처가 되었을 것이다. 해수가 고집부리며 자기의 주장을 굽히지 않는 마음을 헤아리지 못했다. 그때 일을 생각하면 지금도 여전히 마음 한구석이 먹먹해진다.

점심시간이 지나고 5교시가 시작되기 전, 다시 교실로 들어온 해수의 표정은 그늘져 있었고 서운함이 있어 보였다.

"해수야, 점심 먹었어?"

나의 질문에 해수는 단호한 얼굴로 대답했다.

"선생님이 '밥 먹지 마!' 했잖아요. 그래서 안 먹었어요."

머리를 망치로 한 대 얻어맞은 것처럼 정신이 번쩍 들었다. 내가 화가 나서 한 말을 해수는 그대로 받아들이고 점심을 굶고 온 것이었다. 얼굴이 화끈 달아오르고 가슴이 철렁 내려앉았다. 그 말을 지울 수만 있다면 지우개로 지워버리고 싶었다.

"해수야, 선생님은 네가 진짜 밥 안 먹을 거라 생각 못 했어. 화가 나서 한 말이었어. 정말 미안해. 배고프지?"

나는 해수에게 여러 번 마음을 담아 진심으로 사과했다. 그리고 급히 해수가 먹을 간식을 준비해 건네며 다시 고개 숙여 미안함을 전했다. 해수가 그동안 어른의 말 한마디를 얼마나 진지하게 받아들이며 하루하루를 살아왔는지 뒤늦게 깨닫게 되었다.

해수가 초코파이를 먹고 있는 동안, 나의 행동을 돌이켜 보았다. 받아쓰기 상황에서 해수가 왜 그런 반응을 보였는지, 나의 잘못은 무엇인지 생각했다. 사실 받아쓰기 내용을 미리 종이에 적어두고 보여주기만 했어도 이런 일은 일어나지 않았을 일이었다. 나의 짧은 생각으로 인해 생기게 되었음을 인정하고 나는 해수에게 말했다.

"해수야, 앞으로는 선생님이 받아쓰기 문제를 종이에 꼭 적어두고 똑같이 읽어 줄게."

그 말을 듣자 일그러졌던 해수의 표정에서 먹구름이 조금씩 걷히는 듯했다.

그날 느꼈던 후회와 부끄러움은 시간이 많이 흘렀음에도 여전히 마음속에 흔적으로 남아 있다.

말은 한순간에 사라지지만, 그 말이 남긴 흔적은 아이들의 마음속에 오래도록 자리한다. 그래서 교사의 말 한마디는 늘 신중해야 하며, 아이의 마음을 먼저 헤아리는 따뜻한 시선이 무엇보다 필요하다. 교사는 어떤 상황에서든 서둘러 판단하기보다, 아이의 마음을 먼저 헤아리는 일이 우선되어야 한다. 또한 교사는 아이에게 건네는 말 한마디에 책임이 뒤따른다는 사실과 함께, 아이들의 마음을 존중하며 지킬 때, 그들의 성장을 안전하게 이끌 수 있음을 기억해야 한다.

예의, 손가락에서 손바닥으로

사람이 살아가는 데 가장 기본이 되는 예의란, 상대를 소중한 존재로 대하려는 마음이 행동으로 드러나는 것이다. 정중한 인사, 따뜻한 시선, 말끝을 조심스레 다듬는 작은 배려는 겉으로 보기에는 사소해 보여도 상대의 마음에 깊이 와닿는다. 조용히 고개를 끄덕이는 행동이나 부드러운 말 한마디 역시 존중의 마음에서 비롯된다. 예의는 관계의 문을 두드리는 부드러운 손길과 같으며, 그 손길이 있을 때 비로소 서로에게 한 걸음 더 가까이 다가갈 수 있다. 사람 사이의 갈등은 생각보다 작은 것에서 시작되는 경우가 많다. 예의 없는 행동은 마음을 닫게 만들지만, 예의 있는 태도는 굳어 있던 마음을 조금씩 열어 주기도 한다. 교사는 학생을 존중하는 말투를 사용하고, 실수했을 때는 솔직하게 사과하는 태도를 가져야 한다. 아이가 이해하기 어려운 행동을 할 때는 그 이유를 차분히 살펴보고, 상황에 맞게 행동을 바로잡도록 도와야 한다. 아이들이 예의 없는 행동을 할 때, 무조건 혼내기보다 그 원인을 파악하고, 아이가 마음 상하지 않도록 조심스럽게 대하는 태도가 필요하다. 예의는 좋은 관계의 문을 여는 열쇠이면서, 그 관계를 오래도록 지탱해 주는 힘이다.

오래전, 입학한 한 아이가 나에게 손가락질하며 자기 의사를 표현한 적이 있었다. 14세가 되어 1학년으로 입학한 수미였다. 수미는 의사를 표현하는 방식이 오로지 '손가락질'뿐이었다. 모든 사람에게 손가락 하나로 자기의 생각을 표현하는 수미의 행동이 도무지 이해되지 않았다. 기본적인 생활 수어를 알려주었지만, 습관이 된 손가락질은 쉽게 바뀌지 않았다.

그러던 어느 날, 동료 교사가 교실에 들렀다 나갔다. 수미가 갑자기 화난 표정으로 나와 교실 문, 의자를 번갈아 손가락질했다. 한참을 관찰한 끝에, 수미가 하고 싶었던 말을 짐작할 수 있었다.

"선생님이 오셨으면 의자에 앉게 하고 이야기 나눠야지요. 왜 서서 이야기하게 했어요?"

나는 온몸으로 표현하면서, 수미가 하려는 말이 맞는지 확인했다. 수미는 조금 전까지 잔뜩 찡그린 얼굴이었는데, 미소를 지으며 고개를 끄덕여 주었다. 그제야 수미가 하고자 하는 말을 이해할 수 있었지만, 손가락질로 자기 의사를 표현하는 모습은 여전히 마음에 걸렸다.

여름방학이 시작되었고, 수미는 재활원에서 집으로 돌아갔다. 어머니와 약속한 날, 나는 수미네 집에 가정방문을 갔다. 수미가 집에서도 학교에서 했던 것과 똑같이 손가락질로 의사를 표현하는 것을 볼 수 있었다. 이번에는 나와 어머니, 그리고 커피를 손가락질했다.

"엄마, 선생님께 커피 드려야 해요."

수미가 하려는 말을 금방 알아차릴 수 있었다. 학교에서도 같은 방식으로 자기 생각을 손가락질로 하고 있다고 어머니께 말씀드렸다.

어머니는 놀란 표정으로 말씀하셨다.

"저한테만 그러는 줄 알았어요. 학교에서도 이렇게 하는 줄 몰랐네요."

어머니는 수미가 입학이 늦어진 이유와 지금까지 손가락질로만 의사 표현을 해 온 이유를 자세히 알려주셨다. 수미는 오랜 시간 세상과 단절된 채 집안에서만 지냈고, 취학통지서를 받지 못해 입학이 늦어졌다고 했다. 또한 손가락질은 집에 있으면서 혼자 표현하던 것이 습관이 되었다고 하셨다. 마음이 찡했다. 수미에게 작은 변화를 시도해 보기로 했다. 손가락 대신 손바닥을 펴서 사람이나 물건을 가리키도록 하고, 찡그린 표정 대신 웃는 얼굴로 사람을 대하게 했다. 먼저 여름방학 동안 집에서 연습하도록 어머니께 요청했다.

2학기 개학 날, 수미는 반가운 얼굴로 웃으며 반 아이들에게 말했다. 이번에는 손가락 대신 손바닥으로 자기와 나를 번갈아 가리키며 '집'이라는 수어를 사용했다.

"선생님이 집에 왔어."

이번에도 나는 수미가 하려던 말을 금방 이해할 수 있었다. 표현하는 방식이 이전과 달랐다. 전에는 손가락질이었지만, 이번엔 손바닥을 펴서 나를 가리키며 표현했다. 마침내 수미에게 작은 변화가 보였다. 그때 함께 기뻐하며 칭찬해 주었다. 그 후 수미는 간단한 수어와 지문자를 익히면서 이전보다는 조금 더 예의 바른 모습으로 사람을 대하기 시작했다.

예의는 단순한 규범이 아니라, 서로의 마음을 열고 이해하며 건강하게 성장할 힘이 된다. 그러므로 교사는 아이들에게 예의를 가르칠 때, 존중과 배려가 담긴 행동으로 모범을 보여야 한다. 또한 교사는 아이들의 작은 변화와 성장을 세심하게 살피고, 따뜻한 격려를 통해 올바른 인성을 길러 주는 것이 중요하다.

학부모 상담, 경청과 공감으로

아이들의 성장을 위해 교사가 해야 하는 여러 일 중 하나는 바로 '학부모 상담'이다. 교사가 때로는 학부모와 연락을 주고받으며 아이들이 더 건강하게 성장할 수 있도록 함께 고민하며 이야기 나누는 시간이 필요할 때가 있다. 학부모 상담은 아이의 성장을 위해 부모와 교사가 서로의 눈높이를 맞추며 신뢰를 쌓아가는 소중한 시간이다. 이러한 신뢰는 아이의 생활과 배움에 안정감을 더해 주기도 한다.

심리학자 칼 로저스는 "진정한 대화는 상대방을 판단하거나 수정하려 하지 않고, 있는 그대로 수용하며 공감할 때 이루어진다."라고 말했다. 나 역시 학부모와 상담할 때는 부모가 하는 말을 끝까지 귀 기울여 듣고, 그 속에 담긴 마음과 고민을 이해하며 공감하려고 애쓴다. 그래서 학부모 상담에서 가장 중요한 것은 무엇보다 '경청'과 '공감'이라고 생각한다.

　어느 날, 주희의 어머니께서 상담을 요청하셨다. 주희와 언니가 자주 싸우며 하루에도 몇 번씩 실랑이가 벌어져, 중간에서 너무 힘들고 지쳤다고 하셨다. 두 딸의 싸움보다 더 힘든 것은, 어떻게 해결해야 할지 몰라 막막한 마음이라고 하셨다. 어머니가 꺼내는 이야기를 조용히 끝까지 들었다. 말로 표현하지 못한 감정까지 읽어내려 애쓰며, 어머니의 힘든 마음을 깊이 공감하고자 노력했다.
　"그동안 정말 많이 힘드셨겠어요? 지금도 버거우시지요?"
　굳어 있던 어머니의 표정이 조금씩 풀리는 듯했다. 어머니가 겪은 어려움을 함께 이해하고 공감하면서, 상담 분위기도 자연스럽게 흘러갔다.
　"어머님, 댁에서 따님들에게 어떤 말을 주로 하시나요?"
　"네가 언니니까 참아라, 동생한테 양보해라, 사과하라는 말이에요."
　나는 대화를 이어가면서, 혼자 끙끙대며 힘들어하시기보다 학교로 찾아오신 용기를 먼저 격려했다. 이어서 주희와 언니가 어떻게 싸우는지 자세한 이야기를 들었다. 나는 두 아이의 입장에 서서 생각해 보았다. 주희는 주희대로, 주희 언니는 언니대로 속상하고 억울할 수 있겠다고 느꼈다. 주희 언니는 늘 자신이 피해를 본다고 생각하며 억울함을 느꼈을 것이고, 주희는 언니가 매번 사과해도 행동이 변하지 않는다고 생각하며 서운함이 생겼을 수도 있겠다는 생각이 들었다. 두 아이가 서로 다른 이유로 상처를 받고 있다고 느낀 나는 이렇게 말씀 드렸다.

"어머님, 주희와 주희 언니를 따로 만나 그동안 억울하고 속상했던 마음을 충분히 들어주세요. 지금은 훈육보다 따님들의 마음을 위로해 주는 것이 더 필요해 보여요."

어머니는 조용히 고개를 끄덕이며, 이제 딸들의 마음을 조금은 알 것 같다고 하셨다. 그러면서 어떻게 말해야 하는지 구체적인 예시를 궁금해하셨다.

"큰딸에게는 이렇게 말해 주세요. '그동안 매우 힘들었지? 엄마가 상황을 제대로 보지 못하고 항상 너만 혼냈어. 미안해. 그리고 주희 에게는 '그동안 매우 속상했지? 엄마가 네 마음을 헤아리지 못해 미 안해.'라고 말해 주세요."

어머니는 실마리를 찾은 듯 표정이 밝아지셨다. 한결 편안해진 얼 굴로 말씀하셨다.

"선생님과 이렇게 이야기하고 나니 마음이 한결 가벼워졌어요. 왜 그렇게 맨날 싸웠는지도 이해가 되네요. 집에 가서 선생님 말씀처럼, 아이들을 따로 불러서 먼저 마음을 먼저 헤아려 주어야겠어요."

몇 주 후, 쉬는 시간에 주희에게 물었다.

"주희야, 요즘도 언니랑 매일 싸우니? 아직도 힘들어?"

"매일 싸우지는 않아요. 그래도 가끔 싸우긴 해요. 하지만 예전처럼 힘들지는 않아요."

말하는 주희의 표정을 보니, 언니와의 사이가 조금 나아진 듯했다. 퇴근 무렵, 조심스레 어머니께 문자를 드렸다.

"요즘도 여전히 많이 힘드신가요?"

잠시 후 도착한 답장은 짧지만, 작은 변화에 대한 기쁨이 묻어 있었다.

"예전처럼 힘들지는 않아요. 선생님 덕분이에요. 감사해요."

교사는 학부모 상담을 할 때 먼저 부모의 이야기를 끝까지 경청하고 그 마음을 진심으로 이해하며 공감해야 한다. 부모와 함께 아이의 입장을 살피고 아이를 이해하기 위해 노력할 때, 아이의 성장을 돕는 실마리를 더욱 쉽게 찾을 수 있다. 아이와 학부모 모두에게 긍정적인 변화를 불러오기 위해서 교사는 경청과 공감을 바탕으로 대화해야 한다.

교사의 수업 준비

아이들이 배움의 즐거움을 느끼고 스스로 세상을 이해하며 살아갈 힘을 기를 수 있도록 돕는 것은 교사의 중요한 역할 중 하나이다. 이 역할은 결국 '좋은 수업을 준비하는 일'에서 시작된다. 수업은 단순히 지식을 전달하는 시간이 아니라, 학생들이 마음을 열고 참여하며 스스로 깨달음을 얻도록 길을 열어 주는 과정이다. 철저히 준비된 수업은 학생의 수준과 특성을 고려하여 계획되어야 하며, 그에 따른 수업 준비가 어우러질 때, 수업은 자연스럽게 진행된다. 반대로 수업 준비가 부족하면 교사 스스로 당황하게 되고, 그 불안은 아이들에게도 고스란히 전해져 아이들이 학습에 흥미를 잃게 된다. 아이들이 실수해도 안전하다고 느끼는 분위기 속에서 마음과 생각이 넓어지고, 작은 성장조차 자연스럽게 인정받을 수 있는 환경을 만들어 주는 수업이 바로 좋은 수업이다.

수업에는 정해진 정답이 없다. 같은 내용을 가르치더라도 교사의 철학과 학급의 분위기에 따라 수업은 전혀 다른 모습으로 펼쳐질 수 있다. 그렇기에 교사는 수업에 대해 끊임없이 연구하고, 새로운 시도를 두려워하지 않으며, 아이들의 수준과 특성 및 그 외 여러 가지 반응을 살피면서 자신을 성찰해야 한다. 이런 과정이 쌓일 때, 비로소 아이들에게 더 나은 교육이 이루어진다.

몇 년 전, 나는 한 아이의 말을 듣고 내 수업을 돌아본 적이 있었다. 교과를 담당했을 때 있었던 일이다. 사회 수업 시간, 온유가 갑자기 "선생님, 공부가 재미없어요."라고 말했다. 그때 마침 나는 천경호 작가의 『마음과 마음을 잇는 교사의 말 공부』 책을 읽은 직후였기에 온유의 말을 가볍게 넘기지 않을 수 있었다. 사소한 말이라도 아이에게 사랑으로 귀 기울여야 하며, 사소한 말 한마디가 아이에게는 큰 의미가 될 수 있다고 한 저자의 말이 생각났기 때문이다. 온유와 대화를 이어갔다.

"온유야. 공부가 재미없다고?"

"예. 학교에도 오기 싫어요."

"학교에도 오기 싫다고?"

온유는 씩 웃으며 그렇다고 대답했다. 나는 다시 질문으로 대화를 이어갔다.

"모든 과목이 다 재미없니?"

"아니요."

"그럼, 선생님이 가르치는 사회도 재미없어?"

"조금 재미없어요."

온유가 한 짧은 말에 담긴 의미를 생각하며 고민하기 시작했다.

'어떻게 하면 아이들에게 사회 수업을 더 재미있게 가르칠 수 있을까?'

사회 수업에 관해 계속 고민하던 중에 아이들이 컴퓨터를 활용한 활동에 큰 흥미를 보인다는 점이 생각나서, 이를 수업에 적용해 보기로 했다. 사회 수업 시수 3시간 중 1시간을 컴퓨터실에서 진행하며, 교실에서 배운 내용을 중심으로 인터넷 자료를 검색하여 과제를 수행하도록 했다. 아이들의 반응은 생각보다 훨씬 뜨거웠다. 컴퓨터를 활용하여 과제를 수행하는 동안 아이들은 매우 즐거워했다. 과제를 마친 아이에게 주어지는 아주 짧은 자유시간마저 좋아했다. 단순히 수업방식을 조금 바꾼 것뿐인데, 교실 수업 시간에도 더 적극적으로 참여하고 집중도 잘했다.

어느 날 오대양 육 대륙에 관해 수업한 뒤, 내가 준 과제를 컴퓨터실에서 인터넷으로 검색을 마친 온유가 밝은 목소리로 말했다.

"선생님, 저 다 했어요!"

"과제를 빨리 했구나! 요즘도 사회가 재미없어?"

"아뇨. 요즘은 재미있어졌어요."

간단한 인터넷 검색조차 어려워하던 아이들이 학기 말에는 스스로 자료를 찾아 과제를 해결하며 자신감을 얻는 모습을 보니 마음이 흐뭇했다. 무엇보다 자신의 마음을 용기 내어 표현해 준 온유가 참 고마웠다.

교사는 단순히 지식을 전달하는 데 그치지 않고, 아이들이 즐겁게 배우고 스스로 생각하며 성장할 수 있도록 철저히 수업을 준비해야 한다. 학생들의 수준과 특성을 고려한 수업으로 진행하고, 아이들의 작은 변화와 반응에도 관심 있게 살피고 격려하는 자세가 중요하다. 또한 교사가 수업에 관해 끊임없는 연구와 성찰 속에서 준비한 수업은 아이들에게 배움의 즐거움과 자존감을 선물하며, 그들의 성장을 이끄는 길이 됨을 잊지 말아야 한다.

행동 뒤에 감춰진 마음 헤아리기

하임 기너트의 책 『부모와 아이 사이』는 아이의 말과 행동 뒤에 숨어 있는 감정과 마음을 읽어내는 의사소통의 기술을 알려준다. 겉으로 드러난 행동만으로 아이를 판단하기보다, 그 행동 속에 숨겨진 감정에 먼저 귀 기울여야 한다는 메시지가 담겨 있었다. 책장을 넘길 때마다 고개가 저절로 끄덕여졌다. 왜냐하면, 아이를 바라볼 때 겉으로 보이는 행동이 전부가 아니라는 것과 행동 속에 감춰진 마음과 감정을 이해하고 공감하는 일이 얼마나 중요한지는 오래전부터 알던 사실이었기 때문이다.

겉으로 보이는 행동보다 아이의 마음과 감정을 먼저 헤아리는 마음이야말로 교사가 놓치지 말고 반드시 챙겨야 한다고 생각한다. 아이들은 학교라는 공간 속에서 다양한 행동을 보인다. 친구와 다투기도 하고, 수업에 집중하지 못하거나, 작은 일에 울고 웃기도 한다. 겉으로 드러나는 행동은 큰 노력 없이도 쉽게 눈에 보이지만, 그 행동 뒤에 숨겨진 마음과 감정을 읽는 일은 절대 쉽지 않다. 그럼에도 아이들의 행동 뒤 숨겨진 마음과 감정을 먼저 이해하려는 노력이 필요하다.

수업 시간에 함께 공부하던 친구의 행동으로 인해 한 아이가 눈물을 흘렸던 일이 있었다. 저학년 담임교사가 결근하게 되어 내가 보강 수업을 하게 되었다. 4교시째 아이들이 교실로 들어왔다. 마침 교사 연수 자료를 수집하고 싶었던 터라, 아이들의 문장 이해력과 독해력을 살펴보기로 했다. 수업 시간에 만난 적은 없었지만, 그룹수업에서 몇 번 만난 적이 있었기에 아이들의 수준을 어느 정도는 알고 있다고 생각했다. 그래서 아이들에게 간단한 질문을 읽고 답을 쓰는 문제를 주었다.

"너의 담임 선생님 이름은 뭐니?", "오늘 학교에 어떻게 왔어요?"…

문장을 읽어가는 아이들이 처음 몇 문제의 답은 적어 내려갔지만, 아래로 내려갈수록 두 눈이 커지면서 멀뚱멀뚱 나를 쳐다보며 어떻게 할 줄 몰라 했다. 내가 생각했던 것보다 어려워했다. 그래서 문제의 뜻을 설명하면서 함께 풀고 점심을 먹으러 갔다.

5교시에 다시 아이들이 교실을 찾아왔다. 아이들이 조금 더 쉽게 접근할 수 있는 활동을 준비했다. 그림 카드를 보여주며 지문자를 보통 속도로 표현해 주었다. 그것을 기억해서 공책에 써 보게 했다. 그런데 의외로 아이들은 지문자를 기억하고 공책에 쓰는 것도 어려워했다. 그래서 다시 지문자를 표현할 때 속도를 천천히 하면서 지문자로 한 음절씩 알려주었다. 몇 번 반복하니 아이들의 수업 태도가 달라지기 시작했다.

동물 그림들을 보여주고 지문자를 기억해서 쓸 때의 일이다. 선진이는 공책에 오징어를 '오정어'라고 썼다. 나는 '오징어'라는 낱말 전체를 다시 지문자로 보여주었다. 자신이 쓴 글자가 틀렸다는 걸 알아차린 선진이는 잽싸게 옆 친구 책상 위에 놓인 지우개를 가져가려 했다. 그때 현기가 지우개를 가져가지 못하게 했다. 이때 나는 책상 위에 있던 지우개가 내 것인 줄 알고 말했다.

"현기야, 지우개 친구와 같이 사용해도 돼."

내 말이 끝나기도 전에, 지우개는 이미 선진이 손에 들려 있었다. 선진이는 '정' 자를 '징'으로 재빨리 지운 다음 현기의 책상 위에 올려놓았다.

지문자를 기억하며 낱말 쓰기 수업을 마치려고 할 무렵, 현기가 조용히 눈물을 흘리고 있었다. 나는 깜짝 놀랐다. 현기가 공책에 쓴 낱말이 친구보다 적어서 속상해 우는 줄 알았다.

"현기야, 너 잘했어."

위로를 건넸지만, 현기는 여전히 굳은 표정으로 눈물을 흘렸다.

"속상한 일 있어?"

고개를 끄덕이며 말했다.

“지우개 제 건데, 친구가 내 허락 없이 가져갔어요.”

그제야 알았다. 책상 위에 있던 지우개는 내 것이 아니라, 현기의 것이었다.

“지우개가 현기 거였어? 그래서 많이 속상했구나! 선생님이 몰랐어. 미안해.”

진심을 담아 사과하자, 현기는 눈물을 손등으로 훔치며 조금씩 숨을 고르더니 한결 편안한 표정을 되찾았다. 현기의 눈물에는 말로 다 하지 않은 속상함과 그 마음을 누군가 알아주기를 바라는 간절함이 함께 담겨 있었다. 현기는 할 말이 있는 듯 잠시 망설이다가 입을 열었다.

“선생님, 친구가 제 지우개를 마음대로 가져가서 썼어요. 사과해야 해요.”

나는 선진이에게 상황을 설명했다.

“이 지우개는 현기 거였어. 선생님이 잘못 알고 사용해도 된다고 말했어. 그건 선생님 잘못이야, 미안해, 선진아”

선진이는 놀란 표정으로 나를 바라보았다. 나는 이 일이 어른인 내가 제대로 살피지 못해 생긴 일임을 현기에게 다시 한번 전하며 고개를 숙여 사과했다. 그러자 현기는 그제야 웃음을 되찾고 교실을 빠져나갔다.

교사는 아이들의 겉으로 드러난 행동만으로 판단하기보다, 그 행동 뒤에 숨겨진 마음과 감정을 먼저 헤아려야 한다. 행동 뒤에 있는 마음

을 살펴보려는 교사의 시선은, 아이들이 마음의 상처 없이 흔들리지
않고 건강하게 성장할 수 있도록 이끄는 가장 든든한 길잡이임을 잊
지 말아야 한다.

개별화 교육계획, 한 걸음 한 걸음부터

개별화 교육계획(IEP)은 아이의 현재 상태를 정확히 이해하고, 그에 맞는 교육 목표와 방법을 설계해 실제 수업에 적용하는 교사의 설계도이다. 동시에 한 아이의 배움의 길을 여는 중요한 열쇠이기도 하다. 개별화 교육계획은 아이의 강점과 약점을 파악하고, 현재 학습적으로 어떤 수준인지 세심하게 살피는 과정에서 시작된다. 또한 개별화 교육계획은 아이에게 가장 적합한 교육을 제공하고, 실행 후에는 평가를 거쳐 목표를 이루기 위해 보완하고 수정하는 과정을 거치면서 교사와 아이의 상호 작용을 더욱 풍부하게 만든다. 결국 개별화 교육계획은 아이 한 명 한 명에게 맞춤형 교육을 제공하고, 교사가 아이의 가능성을 믿고, 성장으로 이끌 수 있는 지침서라 할 수 있다.

　매년 학기 초가 되면 교사는 반 아이들의 개별화 교육계획을 수립한다. 아이의 현재 학습 수행 능력을 정확히 파악함과 동시에 아이의 흥미와 강점, 그리고 행동 특성과 가족의 희망 사항까지 고려하여 학기 목표와 월별 계획을 세우는 것은 실질적인 개별화 교육의 핵심이다. 모든 아이의 개별화 교육계획을 작성하지만, 그중 더 세밀하게 개별화 교육계획을 작성해야 하는 아이가 있었다. 기초단계부터 차근차근 지도해야 할 지수라는 아이였다. 지수는 글자를 읽지 못했다. '엄마'라는 글자를 보여주면 수어로 '엄마'라고 표현했지만, 그 단어를 글자로 쓰는 것을 어려워했다. 심지어 반 친구들의 이름이나 가족의 이름조차 알지 못했다. 기본적인 낱말 그림을 보여주고 낱말의 이름을 써 보게 했다. '사과', '바나나'와 같은 단어도 혼자 쓰지 못했다. 그래서 매일 마주하는 친구들의 이름부터 익히도록 했다. 친구들의 이름과 얼굴을 연결 지으며 이름을 기억하게 했다. 반 친구들의 이름을 익힌 후, 교실에서 늘 만나는 선생님들의 이름도 익히게 했다. 교실에서 매일 만나는 친구들과 선생님들의 이름을 알게 한 뒤, 가족의 이름을 외우게 했다. 중간에 확인해 보면, 가끔 한 글자가 빠지거나 바뀌기도 했지만, 지속적인 학습 후에 스스로 정확히 외우기도 했다.

　그러던 어느 날, 창의적 체험활동 시간에 '우리 가족'이란 주제로 그림을 그렸다. 지수는 밝은 표정으로 가족을 그렸고, 나는 지수에게 물었다.

“이 사람은 누구야?”

“엄마.”

“엄마 이름 써 봐.”

지수는 망설임 없이 엄마의 이름을 적었다. 그 순간, 나는 지수가 배움의 즐거움을 맛보고 있다는 느낌을 받았다.

“이 사람은 누구야?”

“아빠.”

나는 자신 있게 아빠의 이름도 정확히 써 내려가는 지수를 칭찬했다. 개별화 교육계획이 만들어 낸 결과임을 알 수 있었다.

체육 시간에는 고학년 아이들 모두에게 ‘탄소 중립 실천 활동’의 하나로 자전거 타기를 가르치기로 했다. 지수는 처음 해보는 활동이었지만, 금세 흥미를 보였다. 운동장에서 자전거 타는 자세, 멈추는 법, 줄지어 달리는 방법을 익히게 했다. 실제 오르막길과 내리막길을 가기 전에 기어를 바꾸는 방법도 알게 해야 했다. 앞에서 체육 선생님이 “지금부터 오르막길!”이라고 수신호를 보내 주었다. 지수는 그 말의 뜻을 몰라 친구들과 무리 지어 자전거를 타지 못했다. 나는 지수에게 ‘오르막’과 ‘내리막’이라는 개념을 알려주기로 했다. 종이에 선을 그려 오르막과 내리막을 시각적으로 표시하고, 체육 선생님의 수신호가 무엇을 의미하는지 차근차근 설명해 주었다.

며칠 뒤 다시 운동장에서 체육 선생님이 “지금부터 오르막길!”이라는 수신호를 보낼 때, 나는 즉시 오르막이 선으로 그려진 종이를 들어 올렸다. 지수는 내가 보여주는 종이에 그려진 오르막을 확인한 뒤 기어를 정확하게 조작했다. 이어 내리막길도 체육 선생님의 수신호와 내리막이 그려진 종이를 보고 기어를 조작했다. 반복하여 익힌 후, 마침내 지수는 체육 선생님의 수신호만으로 오르막과 내리막을 구분하면서 기어 조작도 자유로이 할 수 있었다.

얼마 뒤 찾아온 체육 시간이었다. 체육 선생님께서 실제 오르막과 내리막이 있는 길에서 자전거를 타게 했다. 그런데 지수가 자전거를 타고 내리막길을 내려가는 것을 두려워했다. 체육 선생님의 세심한 지도와 따뜻한 격려 속에서 지수는 천천히 내리막길을 내려가기 시작했고, 결국에는 용기를 내어 친구들과 함께 끝까지 내리막길을 내려갔다. 그 순간, 지수의 얼굴에는 자신감과 성취감이 가득했다. 환한 미소를 지으며 활짝 웃는 지수의 표정을 보니 기뻤다. 사실 나도 자전거를 타는 게 익숙하지 않아 두려움에 떨고 있었는데, 지수의 용기와 변화가 나에게까지 영향을 주었다.

개별화 교육계획은 아이의 현재 수행 능력을 세심하게 관찰한 후, 그에 맞는 목표를 세워 지도 내용을 체계화하여 아이가 한 걸음 한걸음 성장하게 하는 것이 무엇보다 중요하다. 이때 교사는 아이에게 아주 작은 변화라도 보이면, 그 즉시 적절한 격려와 칭찬으로 아이가 스스로 배움의 즐거움을 느낄 수 있게 지도해야 한다.

작은 책 속, 큰 세상

이석연 변호사는 『책이라는 밥』에서 '한 권의 책은 하나의 씨앗'이라고 말한다. 씨앗이 싹을 틔우고 꽃이 핀 후 더 많은 열매를 맺듯, 한 권의 독서는 또 다른 책과 배움으로 이어진다는 의미다. 나는 이 말에 전적으로 공감한다. 책과는 거리가 멀었던 나는 몇 년 전에『내 상처의 크기가 내 사명의 크기다』의 저자인 송수용 대표가 필독서로 소개한 유근용 작가의 『일독 일행 독서 법』을 읽고 나서야 비로소 독서의 근육을 키우기 시작했다. 그 이후 책은 내 삶의 멋진 친구가 되어 함께하고 있다. 독서의 가치가 분명해지면서, 그 배움을 아이들과도 나누고 싶어졌다.

나는 학교에서 반드시 가르쳐야 할 내용 중 하나가 독서라고 생각
한다. 그래서 매일 아침 수업을 시작하기 전에 '책 읽는 시간'을 운영
했다. 아침에 등교하면 아이들은 도서실에서 책을 서너 권 품에 안고
교실로 들어와 조용히 책을 읽는다. 책을 읽으면서 책 한 권 한 권이
마음속 씨앗으로 뿌려지고 자라서 더 큰 배움과 기쁨으로 이어질 것
을 기대하며 지켜본다. 독서는 모든 배움의 기초가 된다. 책을 읽는
동안 아이들은 다양한 세계를 경험하고, 스스로 질문하며 생각의 폭
과 깊이를 넓혀 간다. 독서는 교과 학습의 이해를 돕고 문제 해결 능
력을 키우는 토대가 된다. 또한 독서는 다른 사람의 삶과 마음을 이해
하는 창이 되어 공감 능력을 기르고, 자기 생각과 감정을 분명히 표현
하는 언어능력까지 키워 준다. 교사가 독서를 가르친다는 것은 단순
히 책을 읽게 하는 활동이 아니다. 독서는 아이들의 하루와 삶 속에
'생각하는 힘'을 길러 주는 일이다. 독서는 자연스러운 일상 속 즐거
움으로 느끼도록 돕는 것이 중요하다. 무엇보다 아이들이 책을 스스
로 선택하고 자신의 속도와 방식대로 읽을 수 있도록 이끌어 주며,
책을 읽는 그 자체만으로도 격려해 주는 교사의 태도가 중요하다.

최근 국어 시간에 '망주석'에 대해 수업한 적이 있었다. 진안이는
도서실에서 '망주석'과 관련 있는 책을 찾아 빌려왔다.
"선생님, 어제 배운 내용이 들어 있는 책이 있어서 빌려왔어요."
"그랬구나! 영상매체로 보았던 내용을 인쇄매체인 책으로 다시 볼
수 있는 좋은 기회네."

얼마 후 진안이는 책을 다 읽고 이렇게 말했다.

"책을 읽어 보니 국어 시간에 배운 내용이 더 잘 이해되고, 자세히 알 수 있어서 재미있었어요!"

진안이는 이달 독서발표회 때 『망주석 재판』 책을 발표하겠다고 했다. 교과서에서 배운 내용을 더 깊이 알고 싶어 스스로 책을 찾아 읽고, 그 과정에서 내용을 더 잘 이해하며 기뻐하는 진안이를 보니 참 기특했다.

얼마 전, 교장 수녀님께서 초등학생들의 쓰기 능력을 한눈에 보고 싶으시다며 글짓기 대회를 열어 주셨다. 사전 첨삭 없이 아이들이 스스로 쓴 글을 그대로 제출하는 방식이었다. 어떤 결과가 나올지 궁금했다. 진안이가 최우수상을 받았다는 소식을 듣고 매우 기뻤다. 늘 책을 가까이하며 조용히 성장해 온 진안이가 빛을 발한 순간이었다. 시상을 앞두고 어떤 선물을 준비할지 고민했다. 문구사에서 독서대를 보는 순간, '진안이가 책을 편하게 읽을 수 있으면 좋겠다.'라는 생각이 들어 독서대를 선물로 준비했다. 독서대는 시상식 날 아침, 글을 발표한 뒤 상장과 함께 진안이에게 전해졌다. 선물로 독서대를 받게 될 거라고는 상상도 못 했는지 상자를 열자마자 두 팔을 번쩍 들었다. 기뻐하는 진안이를 보니 나도 덩달아 기뻤다.

독서광이란 별명을 가진 진안이는 자신처럼 책을 사랑하는 선배를 만나 이야기를 나누는 시간을 교실에서 가졌다. 진안이는 장래에 특수 교사가 되어 청각장애 아이들을 가르치고 싶다고 말했다. 이미 특수 교사로 재직 중인 선배에게 꿈에 관한 여러 가지 질문을 하며 진안이는 자신의 꿈을 향해 한 걸음 더 나아갔다. 가슴이 뭉클했다.

며칠 전, 학기 초부터 줄곧 만화책만 빌려 읽던 선미가 처음으로 글밥이 있는 책을 빌려왔다. 옆에 있던 친구 진안이와 나는 함께 칭찬해 주었다.

"우와! 오늘 선미가 글밥 책 빌려왔네! 재미있겠다!"

선미는 어깨를 으쓱하며 재미있을 것 같아 골랐다고 말한 뒤, 자리에 앉아 조용히 책을 읽기 시작했다. 오로지 자기의 생각으로 다른 장르의 책을 골라 읽으려는 선미를 보니 내 마음에 잔잔한 감동의 물결이 일었다. 선미는 스스로 책을 찾아 읽으면서 그 안에서 독서가 주는 진정한 즐거움을 느낀 것 같았다. 선미의 변화는 작지만 아주 큰 변화였다. 선미도 빌려온 책 중에서 『나도 엄마라고』라는 책으로 독서 발표를 하겠다고 말했다.

책 속에는 저자가 걸러낸 삶의 진액이 담겨 있어, 자신에게 맞는 책을 읽는다는 것은 훌륭한 인생 스승을 만나는 것과 같다. 작게 느껴지는 한 권의 책이지만, 그 안에서 큰 세상을 만나고, 새로운 깨달음과 교훈을 얻게 하는 데에는 독서만큼 좋은 건 없는 것 같다.

아이들과 함께한 시간이
내 삶의 뿌리다

　　36년의 교직 생활을 돌아보며, 나는 아이들과 함께 웃고 울었던 순간들이 얼마나 소중했는지 새삼 깨닫습니다. 그들의 순수한 마음과 호기심 어린 눈빛, 그리고 끊임없는 노력은 늘 나를 아이들과 함께 성장하게 했습니다. 아이들과 함께한 시간 속에서 그들의 용기와 웃음, 때로는 눈물까지도 나에게는 어둠 속의 한 줄기 빛과 같은 값진 배움이었습니다. 교육 현장에서 마주한 모든 순간은 나에게 배움이자 사랑이었고, 그 모든 기억은 평생 나를 든든하게 지탱해 줄 소중한 보물이 되었습니다.

　　돌이켜보면, 교실에서 맞이한 매 순간은 짧게 느껴졌지만, 그 속에 긴 사랑과 배움, 그리고 성장의 흔적은 내 삶의 깊은 뿌리가 되었습니다. 긴 세월 동안 나는 아이들을 성장의 길로 이끌었지만, 아이들로부터 배우고 위로와 용기를 얻는 날이 더 많았습니다. 그 모든 순간이 모여 오늘의 나를 만들었으며, 앞으로의 여정에도 변함없이 살아갈 힘이 될 거라 믿습니다.

아이들과 보낸 날들은 단순히 지나간 추억이 아닙니다. 그 기억들은 내 마음속에서 아직도 살아 숨 쉬며, 나와 아이들을 이어주는 다리가 되어 줍니다. 그리고 나는 그 이어진 다리를 따라 오늘도, 내일도 아이들과 함께 성장하며 배우는 길을 걸어갈 것입니다.

이 책이 세상에 나오기까지는 수많은 분들의 따뜻한 손길이 있었습니다. 사랑스러운 제자들, 언제나 지지와 응원을 보내 주신 동료 교사와 학부모님, 그리고 든든한 졸업생들까지, 모두가 이 책의 진정한 주인공입니다.

특히, 지난 시간의 아픔과 기억을 세상과 나눌 수 있는 용기를 준 두 아들, 옆에서 늘 격려해 준 며느리, 그리고 이 책이 완성될 수 있도록 든든한 버팀목이 되어 준 남편에게도 감사의 마음을 전합니다.

여기에 더해, 정성을 다해 함께해 주신 출판사 대표님과 편집위원님, 그리고 교직의 길에서 늘 힘이 되어 준 재학생·졸업생·교직원·학부모님들의 헌신에도 깊은 마음을 담아 경의를 표합니다.

아이들과 함께한 시간 속에서 나는 오늘도, 그리고 앞으로도 삶의 소중한 순간마다 끊임없이 자신을 성찰하며, 진심으로 사랑을 나누는 교사로 살아가고 싶습니다.

　마지막으로, 이 책을 끝까지 써 내려갈 수 있도록 지혜와 용기를 주신 하나님께 모든 영광을 드립니다.

부록

세월이 건네준 선물, 교지

시간은 흘렀지만
교실의 따스한 햇살은
아직 마음에 남아 있다.

그날의 아이들은
지금도 나를
행복하게 해 주는
소중한 보물들이다.

순간순간 최선을 다하기로

아래의 글은 처음 부임하던 해, 교지 '성심'에 실렸던 나의 첫 기록으로, 그 시절의 떨림과 결심이 지금도 내 안에서 조용히 살아 숨 쉬며 나를 이끌고 있다.

◆ 1988. 36호 '성심'

소망과 희망이 뒤섞여 어둡게 물든 새벽, 차가운 바람을 맞으며 낯선 길을 달려 교문을 들어서는 순간, 두근거림을 억누를 수 없었다. 인자하신 교장 수녀님께서 밝은 미소로 학교 구석구석을 안내해 주셨다. 복도를 걸으며 문득 떠오른 생각이 있었다.

대학에 입학한 지 얼마 되지 않았을 무렵, 한 학생이 장애인을 위해 봉사하고 싶어서 특수교육과를 지망했다고 말했다. 그때 교수님의 표정이 굳어지시더니 차갑게 이렇게 말씀하셨다.

"미안하지만, 단순히 봉사한다는 생각으로는 안 돼요."

나는 이 말이, 특수교육을 전공한 뒤 장애아이들을 가르치는 일은 단순히 봉사하는 마음만으로는 제대로 해내기 어렵다는 의미라고 생각했다.

초등학교 때, 보조기에 의지해 다리를 절룩거리며 학교에 다녔던 나의 모습이 문득 떠올랐다. 그 시절, 내가 느꼈던 수많은 생각과 감정이 뒤섞여 잠시 침묵의 시간을 가졌다. 두 발로 걷고 있는 지금의 삶을 어떻게 받아들이며 살아가고 있는지 나 자신을 조용히 돌아보았다.

솔직히 내가 아이들을 위해 할 수 있는 일보다, 내가 아이들로부터 더 많은 것을 배워야 할지도 모른다. 하지만 주님의 인도하심으로 여기까지 왔으니, 아이들과 함께하면서 서로 보듬어 주고 마음을 나누며 밝게 살아가고 싶은 마음 간절하다. 주어진 일에 순간순간 최선을 다하면서 주님께 영광 돌리는 삶이 되도록 오늘도 두 손 모아 기도한다.

꿈을 심어 주는 교사, 꿈을 먹는 아이들

1998년 겨울, 나는 「꿈을 심어 주는 교사, 꿈을 먹는 아이들」이라는 제목으로 교지에 글을 실었다. 아래 글은 교직 10년을 되돌아보며 쓴 글이다.

◆ 1998. 겨울 통권 46호 '성심'

서울 올림픽이 열리던 해, 설레는 마음으로 교정에 들어선 것이 엊그제 같은데 벌써 10년이라는 세월이 흘렀다. 그동안 아이들과 함께했던 많은 일이 주마등처럼 스쳐 지나갔다. 혀 훈련이 필요했던 아이와의 알사탕 사건, 어떤 학생에게 벌을 주려다 오히려 내가 벌을 받았던 일, 성심 바자회에서 만난 학부모님들의 정겨운 모습, 유치부 꼬마들과 함께했던 연극 '백설 공주'와 '흥부와 놀부'까지⋯ 모두가 소중한 기억으로 남아 있다.

그사이 나는 두 아들의 엄마가 되었다. 엄마가 되고 나서야, 내 마음속에 조용히 새싹처럼 자라나는 것을 발견했다. 그것은 바로 이해와 사랑의 새싹이었다. 덕분에 학부모님의 마음을 조금 더 깊이 헤아릴 수 있게 되었고, 아이들을 바라보는 시선도 달라지기 시작했다. 아이들을 내 자식처럼 사랑할 줄 아는 넓은 마음을 가지게 되었다는 것이 큰 선물이었다.

올해 동요 경연 대회를 준비하던 어느 날, '똑같아요' 노래를 연습하던 아이들이 눈물을 흘리며 "힘들어요."라고 말했을 때, 내 마음도 무척 아팠다. 그러나 결국 우리는 '한마음 상'을 받았고, 아이들은 무척 기뻐했다. 그때 울며 힘들다고 말하던 아이가 요즘은 혼자서 리듬을 맞추며 노래 부르기를 즐거워하고, 수업 시작 전에 "선생님, '똑같아요' 노래 불러요!"라고 조르기까지 하는 모습을 보면 입가에 미소가 번진다.

오늘도 아이들의 해맑고 사랑스러운 모습을 바라보며, 교사로서의 꿈과 보람을 느낀다. 앞으로도 아이들 곁에서 꿈의 씨앗을 심어 주는 교사로 살아가고 싶다.

성심에서의 아련한 추억과 함께하는 나의 보물들

교직 20주년을 맞던 해, 나는 교지에 「성심에서의 아련한 추억과 함께하는 나의 보물들」이라는 글을 실었다. 이제 다시 그 글을 펼쳐 보며, 지난 20년 동안 마음속에 고이 간직해 온 소중한 순간들을 천천히 되새겨 본다.

◆ 2008. 겨울 통권 61호 '성심'

부산스럽게 출근하는 길, 계절의 변화를 느끼며 성심에서 보낸 20년의 추억 속에 잠겨본다. 앙상한 가지에서 새싹이 돋아 생명을 전하고, 여름이면 잎이 무성해지고, 가을이면 교정이 단풍으로 물드는 모습은 늘 아름답다.

처음 학교에 왔을 땐 많은 것이 낯설고 어색했지만, 이제 학교는 가정처럼 편안한 공간이 되었다. 때로는 익숙함에 젖어 게으른 내 모습을 발견하기도 하지만, 급변하는 시대 속에서 성숙해야 하는 과제가 주어져 있음을 알기에 오늘도 하루를 시작하며 주님께 도움을 청한다.

교직 생활의 절반가량을 유치부에서 보내는 동안 학부모님의 적극적인 지원 속에 아이들이 성장하는 모습을 지켜보며 큰 보람을 느꼈다. 아이들과 함께하며 행복했던 순간이 많았지만, 아쉬웠던 일도 적지 않았다. 예상치 못한 사선으로 순간 당황했던 기억도 새록새록 떠오른다.

"아~" 소리조차 내지 못하던 아이가 오랫동안 기초 훈련(호흡, 청능, 발성, 발음) 과정을 거치고 난 어느 날, "선생님"이라고 불렀을 때의 감격은 결코 잊을 수 없다. 그 아이뿐 아니라 뒤에서 든든한 버팀목이 되어 주신 부모님이 느낀 기쁨이 훨씬 컸음을 알기에, 아이들이 말 공부를 힘들어해도 쉽게 포기할 수 없었다. 하지만 최선을 다해 지도해도 어떤 아이는 변화가 더디고, "선생님"이라는 말조차 하지 못할 때면 교사로서 회의감과 무력감을 느끼기도 했다.

나의 교직 생활 중 빼놓을 수 없는 일은 청주파견 학급에서의 추억이다. 월드컵이 열리던 해, 내덕동에서 맞이한 여름은 더위를 느낄 틈도 없이 그저 즐겁기만 했다. 1년 뒤 다시 파견 학급에서 근무하게 된 곳이 지금의 용정동이었다. 그해 이사를 했기에 텅 비어 있었지만, 동료 선생님과 함께 이것저것 채워가며 학교의 모습을 갖출 때 힘듦보다는 보람이 더 컸다.

출근하자마자 간밤에 내린 폭우로 둑이 무너진 것을 보고 놀랐던 일, 하수도가 막혀 양동이로 물을 퍼내던 일, 3월 폭설로 차가 다니지 않아 기차역까지 걸어가야 했던 일들… 지금 생각하면 모두 행복한 추억이다. 용정동 학교에서의 생활이 특별했던 이유는, 함께한 모든 분이 헌신적으로 노력하며 협력해 이루어 낸 결실이었기 때문이다. 우연히 가 본 교정은 세월만큼 더 아름답게 단장되어 있었지만, 여전히 같은 장소에 남아 있는 액자나 그때 산 물건들을 보면 감회가 새롭다.

내덕동에서 유치부 꼬마였던 민승이, 용정동에서 만난 진후가 어느새 4학년이 되었을 때 난 담임을 맡게 되었다. 아이들의 말에서 자주 들리는 단어는 "몰라요", "못해요", "어려워요"였다. 노력하면 충분히 할 수 있음에도 포기하는 모습이 안타까웠다. 나는 아이들에게 자신감을 심어 주고 긍정적인 말을 하도록 했다. 그 결과, "조금 어려워요", "조금 알아요", "할 수 있어요", "쉬워요" 등 긍정적인 표현으로 조금씩 변하기 시작했다. 구구단을 외운 뒤 나눗셈을 즐기는 욱진이, 컴퓨터 시간에 5분도 집중하지 못하던 인수가 40분 동안 긴 글 타자 연습을 하는 모습, 공부에 흥미가 없던 민진이가 식탁 위 휴지 곽을 보고 "정사각형"이라고 말한 순간, 친구들이 해 주길 바라던 홍진이가 스스로 자신의 역할을 찾아 노력하는 모습… 모두 나의 소중한 보물들이다. 아이들의 눈빛만 봐도 기분과 마음을 알 수 있을 만큼 서로 가까워진 사랑스러운 아이들이 있어 행복하다.

지난 20년 동안 소중히 간직한 보물도 많다. 더운 여름날 졸업생과 학부모님이 메시지로 보내온 "선생님, 삼계탕 드시고 힘내세요, 감사해요."라는 따뜻한 마음, 5월이 되면 "선생님 뵙고 싶어요."라며 소식을 전하는 얼굴들, 본교에서 함께 추억을 만들어 가는 아이들과 학부모님, 그리고 좋은 인연으로 이어진 분들, 모두가 참 소중한 보물이다. 세월이 흘러도 변함없는 사랑과 관심을 베풀어 주시는 분들이 곁에 있어 나는 여전히 행복하다. 이제 나도 받은 은혜와 사랑을 다른 이들에게 나누며 살아가고 싶다.

"성심 동산에서 만난 한 분 한 분, 모두 늘 건강하고 행복하세요. 그동안 진심으로 감사드리고 사랑합니다."

만남이 내게 주는 감사의 선물

교직 30주년을 맞이한 해, 나는 교지에 「만남이 내게 주는 감사의 선물」 이라는 글을 실었다. 내가 걸어 온 발자취 속에서 만난 인연들을 떠올리며, 그들이 내게 건네준 깊은 감사의 마음을 함께 나누어 본다.

◆ 2018. 071호 '성심'

"선생님, 올해 근속 30주년이지요?"

"예."

"이번 주까지 원고 부탁드려요."

교지 담당 선생님이 정중하게 부탁하셨다. 마침 감기로 지쳐 있었던 나는 솔직히 쓰고 싶지 않았다. 퇴근길, 병원에 들렀다가 집으로 걸어가던 중, 문득 나 자신에 관한 질문이 떠올랐다.

"학생들에게는 주어진 일은 늘 최선을 다하라고 말하면서, 너는 왜 그렇게 생각해?"

순간 얼굴이 달아올랐고, 동시에 나 자신이 부끄러웠다. 집에 도착하자마자 추억의 상자를 꺼내 보았다. 30년 전 신임 교사 시절의 빛바랜 교지가 지나온 세월을 조용히 말해 주고 있었다. 그때 어머니들은 자녀와 함께 등하교하며 종일 교실에서 수업을 참관하곤 하셨다. 자녀가 말을 더 빨리 배우기를 바라는 마음에 수업 중 내가 하는 말과 행동까지 꼼꼼히 기록하며 적극적으로 도와주셨다.

마침내 자녀가 어머니들의 바람대로 말하게 되자, 가슴에 안고 감격의 눈물을 흘리시는 모습을 보았다. 그 모습을 지켜보던 자녀는 당황하며 눈동자를 이리저리 굴리던 장면이 30년이 지난 지금도 눈에 선하다. 귀엽고 사랑스러운 아이들이 사물의 이름을 처음 말하고, 필요한 사람을 부르고, 원하는 것을 말로 표현할 때, 그동안 힘들었던 순간들이 모두 사라지는 듯했다. 교직이 내게 주는 값진 선물임을 새삼 깨닫고, 더 큰 힘을 얻는 순간이기도 했다.

올해, 그 아이들을 다시 만나게 되었다. 1학년 때의 일이 문득 떠올랐다. 유치부 경험 없이 입학한 미순이와 함께했던 시간이었다. 1학년이지만 미순이에게는 유치부 교육과정을 가르쳐야 했기에, 발성부터 시작하여 발음 지도와 국문 해득까지 짧은 시간 안에 지도해야 했다. 조급한 마음으로 최선을 다해 가르쳤지만, 미순이에게 나는 다소 무서운 선생님으로 기억되고 있음을 이번 봄에 알았다. 그때 좀 더 부드럽고 따뜻하게 격려와 칭찬으로 지도했더라면 하는 아쉬움이 남았다. 미순이는 최근 달라진 모습을 보여주고 있다. 이전에는 낱말을 알려줘도 지문자로 한 번 따라 할 뿐 관심을 보이지 않았지만, 이제는 완전히 익힐 때까지 스스로 외우고, 헷갈리면 다시 묻는다. 미순이는 어떤 일이든 성실하게 임하며, 영어 낱말을 자신 있게 읽고, 처음 보는 단어도 사전에서 찾아 말한다. 성장하는 미순이의 모습을 지켜보며 내 마음에 보람의 미소가 번진다.

또 다른 아이 준희는 1학년 때 본교로 전학해 온 아이였다. 준희가 하는 말은 자연스럽고 어휘력이 풍부했다. 어떻게 배웠냐고 물으니 자기도 모르겠다고 그냥 주워들었다고 했다. 어느 날 준희와 오랜 시간 이야기를 나누다 보니, 마음 아픈 사연이 있음을 알게 되었다. 누구에게도 털어놓지 못한 이야기를 눈물과 함께 들려주었고, 나는 끝까지 들어 준 뒤 꼭 안아주었다. 입가에 미소를 머금고 자리에서 일어서며 말했다.

"선생님, 제 마음을 잘 이해해 주시고 끝까지 들어주셔서 정말 감사합니다."

공손한 자세로 인사하는 준희의 모습은 내게 또 한 번 감동을 주었다.

돌아보면, 30년이라는 시간은 눈 깜짝할 사이에 지나갔다. 그 시간 동안 일상에서 함께했던 동료 교사들, 재학생과 졸업생들, 그리고 학부모님들이 함께해 주었기에 오늘의 내가 있다. 이 지면을 빌려 진심 어린 감사 인사를 전하고 싶다.

추억에 영글어진 감사와 행복

퇴직을 앞둔 해, 나는 교지에 「추억에 영글어진 감사와 행복」이라는 글을 마지막으로 실었다.

◆ 2023. 076호 '성심'

야간대학에 다니던 시절, 대학교 부설 청각·언어장애 클리닉에서 근무한 3년은 내가 청각장애 교사로 살아가는 데 큰 자산이 되었다. 교사로서 처음 맡은 담임은 유치부 샛별 반이었다. 지금의 다목적 교실에서 나이가 다양한 아이들과 씨름하며 늘 분주하게 하루를 보냈다.

엄마를 "엄마"라고 부르지 못하던 아이들이 처음으로 그 단어를 말하던 순간, 함께 눈시울을 붉혔던 감격은 지금도 잊을 수 없다. 요청 장학이 있던 날, 강당에서 '예지의 꿈'이라는 제목으로 공개수업을 한 뒤 받은 '우수 교사상'은 나에게 매우 값진 선물이었다.

시·청각장애 학생들의 가창과 무용대회를 위해 피나는 노력을 기울이면서 자신감을 얻은 아이, 점심시간마다 수학 문제를 끝까지 가르쳐 준 나에게 고맙다고 쪽지를 건네던 아이, 스승의 날에 정성껏 쓴 편지와 함께 나쁜 습관을 고쳐 주어 감사하다는 영상 속 아이… 모두 나를 한 뼘 더 성장하게 만든 주인공들이었다.

영·유아 발달 단계에 맞는 어휘를 확보하기 위해 자녀를 대상으로 종단적 연구를 동료 교사들과 함께 진행했던 일, 야구부 창단 이듬해 고베농학교와 교류 활동을 위해 3박 4일 일본에서 머문 일, 교직원 친목 여행으로 제주도에서 하얗게 쌓인 눈 위에 잠시 누워 본 일이 주마등처럼 스쳐 지나간다.

스승의 날이면 "지금 제가 있는 건 선생님의 따뜻한 가르침 덕분입니다. 항상 존경하고 감사합니다."라며 잊지 않고 연락해 주는 제자들, "우리 아이가 선생님을 만난 것은 복 중의 복이었어요."라며 따뜻한 마음을 전해주는 학부모님도 있다. 그 모든 말들이 가슴을 뭉클하게 한다.

나의 마지막 제자는 2학기 들어 만난 예쁘고 귀여운 여자아이였다. 공부 시간마다 "모르면 어떡해요?", "천천히 말해도 돼요?"라고 묻던 아이에게 나는 구호를 만들어 함께 외쳤다.

"안 배우면" – "모른다."

"배우면" – "안다."

"배웠는데도 모르면" – "다시 배우면 된다."

그 구호가 신기하고 재미있다며 아이는 즐겁게 따라 외쳤고, 힘들어 하던 구구단도 결국 완벽하게 외웠다. 수학 시간을 유난히 힘들어하던 아이가 "이제 수학이 재미있어요."라며 겸연쩍게 웃는 모습, 설령 모르는 문제가 있어도 "잘 몰라요. 다시 알려주세요."라고 당당히 말하는 모습을 볼 때, 교사로서 큰 보람과 행복을 느낀다.

내가 여기까지 올 수 있었던 것은 오롯이 주님의 은총 덕분이다.

36년 동안 쌓인 추억과 감사, 행복의 열매를 맺게 해 준 아이들과 학교를 마음속 깊이 간직하며, 이제 제2의 인생을 새롭게 시작하려 한다. 쉼 없이 달려온 길을 잠시 멈추고 쉬고 싶다. 그리고 취미가 된 일을 마음껏 즐길 수 있는 시간이 다가오니 설레기도 한다.

"그동안 함께할 수 있어 감사했습니다. 여러분 덕분에 행복했습니다. 주님의 은총이 모두에게 가득하기를 바랍니다."